孩子，不要怀疑我爱你

郑光春◎著

四川科学技术出版社

图书在版编目（CIP）数据

孩子，不要怀疑我爱你 / 郑光春著 . -- 成都 : 四
川科学技术出版社 , 2017.7

ISBN 978-7-5364-8750-5

Ⅰ . ①孩… Ⅱ . ①郑… Ⅲ . ①家庭教育 Ⅳ . ① G78

中国版本图书馆 CIP 数据核字（2017）第 180224 号

孩子，不要怀疑我爱你

HAIZI BUYAO HUAIYI WOAINI

著　者　郑光春

出 品 人　钱丹凝
策 划 人　王长江
责任编辑　康永光
封面设计　苏　涛
出版发行　四川科学技术出版社
　　　　　成都市槐树街 2 号　邮政编码 610031
　　　　　官方微博　http://e.weibo.com/sckjcbs
　　　　　官方微信公众员：sckjcbs
成品尺寸　165mm × 235mm
印　　张　14.75　字数 230 千
印　　刷　三河市金元印装有限公司
版　　次　2017 年 9 月第 1 版
印　　次　2017 年 9 月第 1 次印刷
定　　价　38.00 元
ISBN 978-7-5364-8750-5

邮购：四川省成都市槐树街 2 号　邮政编码 610031
电话：028-87734035　电子信箱：SCKJCBS@163.COM

　　我们每个成年人都是从孩提时期成长起来的。做孩子时，我们曾经遇到过种种困难、曾经犯过小小的错误、曾经陷入迷茫之中，那时，我们的父母是如何帮助我们走出困境、纠正错误的，相信我们多少会有些记忆。现在，我们做了父母，当我们的孩子遇到困难、犯下错误、陷入迷茫之际，身为新时代的父母，我们又该如何帮助、如何引导、如何参与？这是摆在我们面前的新课题。

　　时常听周围的一些父母抱怨自己的孩子逆反、排斥、娇气和霸道，有些父母面对孩子所表现出来的种种现象，要么求全责备、要么纵容庇护、要么放弃管教，这种消极的处置方式，所得结果，只能是加速"问题孩子"更加问题化。当然，大多数父母都希望能在孩子有"问题"时，得到妥善的解决，并且希望"问题孩子"能转变成自己所期望的那种"好孩子"。可现实又让这些父母为找不到适合的方式来处理而深感苦恼！

　　正是带着帮助处于困惑中的父母解决问题的目的，我撰写了这本《孩子，不要怀疑我爱你》。本书内容是根据父母平时遇到的关于孩子的常见问题、敏感问题以及教育孩子的误区等选取了大量的实例进行的深入阐述。在这些实例中，有成功的范例，也有失败的教训，还有经验式的提示，完全可以为正处于困惑中的父母提供借鉴、指导。

　　《孩子，不要怀疑我爱你》里的实例，适合拥有各年龄段孩子的父母阅读，幼儿时期孩子的教育问题、小学阶段孩子的教育问题、中学阶段孩子的教育问题、大学阶段孩子的教育问题，无论你的孩子属于哪个年龄段，都可以在这里找到自己想要的解决问题的最佳方式。比如，《"远交近攻计"：父亲让儿子学会高雅交际》一章，说的就是当今孩子如何效仿成人交际方式的问题，当文中的父亲发现儿子在交际中学会用金钱的多少来衡量"人情"的亲疏问题时，他从自我的改变做起，把往常的"送物质"变成"送精神"，让儿子在他的一系列"新的礼仪方式"中，亲眼目睹、亲身感受到人际交往不应该是"物交"而需要"心交"。又比如，《"容过计"：父亲花重金给儿子买教训》一章，讲述了另一位父亲在发现儿子犯了贱卖祖传花瓶的错误后，领着儿子"跟踪追击"一个又一个倒卖文物的贩子，最后不惜花重金买回祖传花瓶，这位父亲的良苦用心，其目的就是让儿子学会做一个遵纪守法的人。诸如此类的成功家教，在《孩子，不要怀疑我爱你》一书中随处可阅。

《孩子，不要怀疑我爱你》就像一个病症治疗中心，有各种"毛病"的孩子来到这里，父母就是他们的"心理医生"，为他们把脉、为他们开处方、为他们熬汤送药，医治的结果，自然是把一个身心健康的孩子送回学校、交给社会。

谁都知道，现在的孩子大都是父母的中心和重心，与父母的关系也最为密切，好的父母不只为孩子提供良好的物质环境，还要帮助孩子在人生旅途中能够自我完善和成长，形成独立的人格、良好的习惯和坚强乐观的态度。《孩子，不要怀疑我爱你》这本书，兼具了事例的典型性和教育理念的新颖性，是现代父母寻求帮助的良师益友。

2017年5月1日

目 录
C O N T E N T S

中卷　如果爱我，就"教教我"

下卷　如果爱我，就"管管我"

上卷

如果爱我，就"救救我"

第一章
"借女说男计"：愣小子是这样"变形"的

口述：廖玉花，某文化单位公务员

◆ 令人烦恼的"霸道"儿子

我们家是文化世家。按遗传学的说法，生长在这样一个书香十足的大家庭中，我的儿子应该也是个很文气的男孩子。可出人意料的是，儿子小虎并没有继承家庭的优良传统，反而行事鲁莽粗放、顽皮霸道，活脱脱一个"愣"小子。

一天下午的课间，儿子与另一个小朋友在幼儿园的草坪上踢足球。就在他俩你争我抢的关键时刻，一个胖乎乎的男孩从旁边闪了出来，不经同意，他抬腿抢踢了正朝儿子飞过来的球。

这下可惹火了儿子，他跑到胖男孩的面前，冲他厉声叫道："胖子，谁让你乱踢我的球？"

胖男孩根本不把儿子放在眼里，两手叉腰说："球又不是你家的，我想踢就踢！"

儿子见他不卖自己的账，便大声骂道，"你个死胖子！我让你嘴硬！"

还不等胖男孩反应过来，对着他的脑门就是一拳。胖男孩被激怒了，立刻进行反击。于是，两个小男孩扭打在了一块。直到围观的同学叫来了老师，才把两个脸上已经挂彩的小家伙拉开了。

当我闻讯赶到幼儿园时，儿子还在老师的办公室里，一见他那副气呼呼的狼狈相，我真是哭笑不得。老师冲我摇摇头，无奈地说了一句："这孩子啊，太霸道了……"

"打架事件"后，一个周末的晚上，我带着儿子去参加大学同学的聚会。尽管出门前，我反复交代他说话、做事要有礼貌，可是，一上宴席，我那"不争气"的小子又故态复萌。只见他大摇大摆地站到椅子上，伸出脏乎乎的小手，张牙舞爪地抓起一只鸡大腿就啃。满桌的老同学都用诧异的目光盯着他，顿时，我出了一身的冷汗，想喝止他，又不便发作。相比之下，同桌另一位老同学的女儿就显得斯文多了。她不仅用甜甜的声音跟在座的每一位长辈问好，还不时地给身边的爸爸和阿姨递餐巾纸。那文雅的举止，让我羡慕不已！

不到两分钟，啃完鸡腿的儿子把油淋淋的手往身上一抹，丢下一句，"老妈，我出去玩儿喽！"就一溜烟地不见了人影。

这时，旁边一个女同学开玩笑道："没想到，你们一家都文质彬彬的，还能教出如此粗放的儿子啊！"一句话，引得大家一阵哄笑。

◆ "借"来小侄女做儿子的榜样

那一夜，我辗转反侧难以入眠。我怎么也不明白，自己一直苦口婆心地教育孩子，他怎么就"恶习"难改呢？是孩子太冥顽还是我没找对方法？都说只有失败的家长，没有失败的孩子，看来问题还是出在我这儿。要想彻底改变儿子的不良习惯，必须找到一种适合他的方法。

整整一个晚上，我的脑子里不断闪现出宴席上那个女孩文静而乖巧的形象。忽然，一个奇异的想法闪过我的脑海：假如我用教女孩子的方式来教儿子，会不会让他有所改变呢？顺着这条思路，我想到了外甥女悦悦。悦悦比儿子大两岁，正在读学前班。那可是个听话、文静又懂事，人见人爱的小女孩。

我想，如果能把悦悦"借"过来，让她与儿子朝夕相处，或许能让儿子从她身上学到一些女孩子的文静气质。第二天中午，我给哥哥打去电话，向他求援。哥哥也知道小外甥的"野性"，当即就答应了。

听说悦悦姐姐要来自己家里住，可把儿子高兴坏了。虽说儿子在外面顽皮，但他对悦悦姐姐还是很友好的，以前，每次儿子使小性子，悦悦都会以"小姐姐"的身份让着他。

悦悦来的当天晚上，我的"双性"教育计划就开始了。

睡觉前，我特意领着悦悦来到儿子的房间。这个小家伙已经蒙头大睡了。不用问，准没洗脸刷牙。我生气地揭开被子，正要张口，悦悦吃惊地叫道："姑姑，小虎还没洗脸刷牙就睡觉呀，没羞！"悦悦的话果然有用，只见儿子像被针扎了似的，一骨碌翻身下床，红着脸辩解道："我……我是玩累了，躺一下，不是睡觉。"

悦悦拉着弟弟的手说："小虎，走，我俩一起去洗脸刷牙。"儿子很听话地跟着悦悦去了。一见这情形，我长舒了一口气，看来这方法还真有效！

第二天一大早，原本喜欢赖床的儿子，因为悦悦姐姐敲门叫他吃早餐，没有留恋半分钟就下了床。

吃早餐时，儿子伸手就要抓盘子里的油条，我马上说："小虎，你看悦悦姐姐吃油条都拿筷子，手是不卫生的。"儿子好像突然想起了什么，抬头看看悦悦，便马上停止了动作。

吃过早餐后，我送儿子和悦悦去幼儿园，一路上，我遇见了几位熟人，每见到一位熟人，悦悦就很有礼貌地问好，而儿子则是不理不睬，一路上对着姐姐说个不停。我见儿子好像没受启发，就拍拍他说，"你看悦悦姐姐多懂礼貌，遇见熟人微笑、打招呼，大家都会很高兴的。你看大家是不是都很喜欢悦悦姐姐呀？"儿子若有所思地看看悦悦微笑的脸，低下头不吭声了。

儿子终于有了"人情味"

不知不觉中，几个月过去了，儿子在与悦悦姐姐的朝夕相处中，潜移默化地学到了很多东西，磨掉了一些粗鲁和霸道，学会了察言观色和忍让，举手投足也变得彬彬有礼起来。

而此时，悦悦要读小学了，需要回到她父母身边去。我对儿子的"双性"教育跟着改变了方式。

一天傍晚，我正在厨房里切菜，不小心，锋利的菜刀切到了左手小拇指，顿时鲜血直流，我本能地叫出声来。

此时，正在客厅里看动画片的儿子闻声跑过来问，"妈，怎么啦？"

见儿子一脸焦急的神情，我想，这正是培养他关心体贴别人的好机会。于是，我把流着血的指头伸到儿子的面前说："妈妈不小心切了一刀。"

儿子看着我的血手指，心疼地说："妈妈，你别动，我去拿创可贴来。"不一会儿，儿子拿来两张创可贴，小心翼翼地给我受伤的手指包扎上。之后，儿子认真地对我说："妈妈，你去歇着吧，我来切菜。"

我摇头，"你能切好吗？还是等你爸爸回来切吧。"可儿子坚持要切菜。我只好站在一旁指导他把剩下的菜切完。

"你妈妈手指上的伤是不能沾水的，所以妈妈需要照顾。"晚饭时，儿子他爸爸有意识地对他说。

"知道，今天晚上我洗碗。"儿子爽快地说。

在后来的几天里，儿子不仅主动地帮我做家务，甚至还学着护士的样子挤干了毛巾为我擦脸。

儿子变得细腻、有爱心了。这真让我感动，这些不正是我当初所希望的吗？

在儿子奶奶72岁生日那天，全家人团聚在一起，热热闹闹地为老人庆贺。突然，儿子跑过去打开电视机，向大家高声宣布："今天是奶奶的生日，我用压岁钱为奶奶在电视上点了一首歌，祝奶奶生日快乐！"

果然，不一会儿，电视上播放了《祝你生日快乐》的歌曲，屏幕上方还滚过一长条字幕："孙子代表爸爸、妈妈、姑姑、姑父衷心地祝愿奶奶长命百岁、寿比南山。"听着歌曲，看着字幕，奶奶高兴得像个老小孩，嘴都合不拢……

"小虎什么时候变得这么有人情味了？"大家吃惊地问。

我和儿子什么都没说，只是一起露出了得意的笑容。

父母借鉴 //

　　文中的母亲对儿子有意识地进行女孩式的培养。这种家庭教育新方式的好处是显而易见的：能使儿子温柔而细致，成为兼具双重气质的孩子，使他的智力、体力和性格能够得到全面发展。她的"双性"教育育子经验，也许对当今的父母有一定的启示作用。

第二章
"偷梁换柱计"：父亲把"逆境情商"传授给儿子

口述：高笑河，某中学体育教师

◆ 制造困难，我教儿子自己克服

我从大学体育系毕业后进入一所中学教体育。工作的第三年，我与商贸公司的颜雯结了婚，并于当年的11月9日生下了儿子辉辉。在儿子的培养教育问题上，我与妻子早已达成了共识，那就是想把他培养成一名能够独立解决问题的孩子。我知道如今一些西方国家的父母很重视对子女的AQ（即逆境情商）教育，他们认为这种"逆境情商"的教育有益于孩子将来面对各种困难，能独立地处理困难，化不利局面为有利条件。

我从儿子会摆弄玩具开始，便对他进行"逆境情商"的训练。一天，我给儿子买了一列电动小火车玩具。刚开始，3岁的儿子见小火车拉着"呜呜"在"铁轨"上快跑，高兴地叫唤起来。在小火车跑完两圈停下来后，我教儿子怎么发动小火车、怎么把它放在轨道上，随后又怎么用遥控器控制它的运行。聪明的儿子很快就掌握了玩小火车的要领，不一会儿，他很兴奋地自己操作起来。整整一个小时下来，儿子成了一名指挥若定的火车司机。就在儿子为自己的高超技术得意的时候，我趁儿子去喝奶茶之际，有意把组合式铁轨中间一段的衔接头错位分离。

过了片刻，儿子回来了，他兴致勃勃地想继续玩小火车。不料，当儿子再次拿遥控器操纵小火车时，小火车才开出半圈就脱了轨，整列火车翻倒在地。这出乎意料的结果让儿子惊叫起来。我见儿子这副神情，便故意对儿子说："小火车坏了，这下可怎么办？"儿子马上急哭了。我忙摸着他的头："你是男子汉，面对意外，哭不是本事。来，爸爸教你如何应对困难。"说着，我抓起儿子的两只手，让他自己把脱节的铁轨接上，之后，我对儿子说："你再试试小火车。"儿子又操纵遥控器，小火车恢复了运行。一看这情形，儿子自我表功地对我说："爸爸，是我把铁轨修好的！""不错，辉辉现在成了铁路养路工人了！以后，再遇到这种事，辉辉怎么办呢？""我就再做一回养路工人。""如果是其他玩具坏了呢？"儿子眨巴了一下眼睛，而后说："那我也想办法把它修好。"

又有一天，我教儿子搭积木，这次要搭的是一座古代的大宫殿。我把搭积木的图样放在儿子的面前，而后对他说："我俩今天搭的是皇帝的漂亮宫殿，辉辉跟着爸爸边搭边仔细看好了图样。"说完，我一边指着图样的"砖瓦"形状和颜色，一边让儿子寻找着积木，然后按照图样的顺序，叫他把找到的积木"一砖一瓦"前后左右地往上垒。十几分钟之后，"皇帝宫殿"的大致模式呈现在眼前。又过了几分钟，儿子看着自己亲手搭起来的漂亮"皇帝宫殿"即将竣工，他拍着小手欢叫起来。也就在这时候，我故意用手碰了一下积木，顷刻间，漂亮的"皇帝宫殿"轰然倒塌。儿子一见这情景，他先是大惊、接着大哭、继而大闹，直怪我把他的劳动成果毁于一旦！

我见儿子对意外事故反应这么强烈，可见他对突如其来的困境难以承受。等儿子的情绪稍微稳定后，我便对他说："爸爸把你搭好的房子碰倒了，是不对的！可爸爸这是在模仿大地震！现在辉辉搭的房子被大地震给震塌了，辉辉该怎么办呢？"儿子想了想说："我再搭一次。""这就对了！

既然辉辉已经遭遇了灾难，光哭鼻子是不行的！得重新振作起来，把遇到的困难克服掉。"接下来，我让儿子重新搭"皇帝宫殿"，而且是在没有图样的情况下完成，我对儿子说："大地震把图样也弄丢了，你要自己开动脑筋，搭出原来的'皇帝宫殿'。"面对新的困难，儿子"一砖一瓦"地试着搭建"皇帝宫殿"，虽然他反复了许多次，但最终还是完成了我交给的任务。当新的"皇帝宫殿"呈现在眼前时，我夸奖他说："好样的！辉辉能自己搭房子，现在成了建筑师啦！我们男子汉在困难面前就是要勇于战胜它！"得到表扬的儿子灿烂地笑了。

经过两次给儿子制造"困难"，又让儿子自己来克服它的实验，基本上达到我的预期要求。打这以后，我时不时地为儿子设置一些困难，并在这些困难面前训练儿子如何平衡自己的心态，正视现实，又如何开动脑筋去扭转不利的局面。每次训练下来，都能取得良好的效果。

◆ 屡遭失败，我引导儿子走出低谷

虽然我在儿子上幼儿园之前对他进行了一些"逆境情商"的训练，可当儿子真正进入幼儿园之后，他所遇到的具体事情却不是我"制造困难"那么简单。有一天，遗传了"体育细胞"的儿子参加了幼儿园班级组织的50米短跑比赛，按平时我对儿子这方面的训练，他得个第一名或第二名是绝对没问题的。可没想到，儿子此次赛跑却得了倒数第二名。

对于这样的结果，儿子回到家里伤心地哭了起来。我虽然也很失望，可我不想指责他，而是采用了引导的方式。我对儿子说："失败没什么了不起的！只要好好地总结为什么失败，然后再加以改正，相信自己最终能够取得成功。老师阿姨不是给你讲过'失败是成功之母'吗？！"儿子在我一番心平气和的开导下，低落的情绪有所缓解。接着，我根据儿子提供此次赛跑的情况，帮助他分析失败的原因："你总认为自己是体育老师的儿子，成绩自

然会很好，根本不把其他小朋友放在眼里。正是由于你的自大自满，使你产生了轻敌的思想，不能客观地看待其他小朋友的长处，而发现自己的短处。比如起跑时，你的注意力不够集中；冲刺时，你缺乏斗志，所以你失败了。现在怎么办呢？你除了要认清自己的优势和劣势外，从明天开始，每天早上起床后，到体育场去练习50米短跑，每次跑10趟。"儿子在我的安排下，坚持了一段时间的早上短跑训练。当幼儿园班级再次组织50米短跑比赛时，儿子赛跑前接受了上次失败的教训，全身心地投入比赛中，最后取得比赛的第二名。尽管儿子没有拿到期望的冠军，但他已经从逆境里自拔出来了。

两年后，儿子上小学了。也许是儿子"体育细胞"有余，"语文细胞"不足的缘故，他在上小学一年级时，语文成绩很差，尤其是汉语拼音始终学不好。有一次，老师点名让班里的同学站起来用拼音念一首小诗，当老师点到儿子，叫他念唐代大诗人李白的《望庐山瀑布》中的诗句，儿子竟然把香炉的香字念成了shan，而把飞流的飞字读成了hui，他的走音引发全班同学的哄堂大笑。老师当场对儿子给予了批评。儿子受到批评后，满脸羞红地低下了头。过了几天，又是上语文课，老师改用了一种方式让同学们上台用拼音念她写在黑板上的一句话。儿子又被老师点名上台了，这回，儿子信心不足仍然念错了三个字，同样引起同学们的哄堂大笑。

由于儿子屡次念错了拼音，同学给他取了个"别字大王"的外号。戴着这一被人耻笑的外号，儿子整天闷闷不乐。我在知道儿子情绪低落的原因后，再一次对他进行了"逆境情商"的引导："辉辉还记得在幼儿园跑步比赛的事吗？开始你为什么会失败？后来又为什么会成功？你好好想想。"我提示的话让儿子陷入沉思的状态。过了一会儿，聪明的儿子终于想通了："爸爸，我知道自己该怎么做了！不过，你要给我买一盒学拼音的磁带。"对于儿子的合理要求，我立刻答应了他。从这以后，儿子每天早上起床后，就拿着小录音机到阳台上去跟着学标准的汉语拼音。一连两个星期，儿子天天都很认真地跟学着。

两个星期后的一天，儿子又遇到语文老师让每个学生朗读课文。轮到儿子时，他不仅咬字清晰，而且声情并茂，让在场的老师和同学们很是惊讶！等他一念完课文，老师就走到儿子的身边，然后对同学们说："高辉同学朗诵很好！大家要像他一样，尽量把自己的感情朗诵出来。"首次得到老师的肯定，儿子心里别说有多高兴。也就从这天起，儿子的"别字大王"帽子被摘掉了。

◆ 逆境调整，儿子获得乒乓球冠军

到了儿子读小学五年级时，他已经历过无数次"逆境"的考验，每次考验，他都在我的帮助和引导下走出了困境。随着儿子的渐渐长大，他已能够独自用平静的心态面对每一次意料中或意料外的困境。2009年夏天，儿子所在学校的五年级组织优秀学生搞了一次夏令营活动，地点选在郊外20千米处的云天岭。出发的前一天，我和妻子给儿子准备好了几天的干粮和饮料，学校计划此次夏令营活动为期一个星期，要在夏令营基地搞野炊、登山和环保活动。我觉得这些活动有利于培养孩子的自理能力和爱护环境的意识。

儿子上路了，妻子天天牵挂着他在外面的冷暖和安全，吃不香睡不着。我见妻子"魂不守舍"的样子，便不断地宽慰她说："你放心，学校组织的这项活动，带队的老师肯定会关心这些孩子的生活和安全的。我也是当老师的，我知道他们会怎么做！"在我的开导下，妻子的提心吊胆才得到缓和。

一个星期好不容易度过去了。这天傍晚，儿子终于回来了。可我万万没想到，这次儿子去参加夏令营活动却遭遇了一场意外。儿子一五一十地向我回忆了当时的经过：他们到达夏令营基地的第三天下午，老师安排同学们搞环保活动，让大家在云天岭的周围捡拾塑料垃圾和易拉罐等。老师把学生分成6个小组，每个小组为3个人，儿子分在第四小组。下午2点左右，捡拾垃圾活动开始了，按照片区，儿子与另外两名学生被安排在云天岭北面的山脚下。半个小时后，儿子和小组成员来到自己的片区，他们沿着崎岖的山路小径一直往上捡拾垃圾。

山里的气候说变就变，刚才还是烈日当空，不想，没过多久，天空乌云密布。正在捡拾垃圾的儿子与同学见天暗下来，商量准备捡拾完前面的一片就收工。然而，还没等儿子他们把面前的垃圾捡拾干净，天空就下起了暴雨，并且伴随着闪电雷鸣。儿子只好与同学躲进附近的一个小山洞里避雨。他们本以为雷雨下一阵会停止，不料，这场暴雨之后，接着又是豆大的密雨连绵不断。没有带雨具的三位同学只得在小山洞里继续避雨。雨天的夜来得早，6点不到就天黑了。大雨仍在不断地下着，而且山间还泻下了山洪，眼看着儿子他们被围困在山洞里，一位同学被眼前的困境吓得哭了起来，另一位同学也很悲观，他不断地埋怨老师不该让他们来捡拾垃圾、埋怨老天爷瞎了眼睛，而这时候的儿子却格外地镇定，他对同学说：“不要哭！不要埋怨！现在正是吃饭的时间，我们就算提前过野炊生活，先填饱肚子，等雨停了再想办法离开这里，回到基地去。”于是，儿子从背包里拿出我们给他带去的干粮和饮料，另外两位学生也把自己随身携带的水果和食品拿出来，他们三人交换着吃。

大雨终于在一个小时后停止了。而此时外面已是伸手不见五指。一位同学担心地说：“路都看不见了，我们怎么回去呢？”儿子想了想，从山洞的旁边找到一根干柴，他掏出打火机点燃了干柴，然后对同学说：“你们跟着我走！”说着，儿子在前面举着火把带路，两位同学在后面紧跟着。当他们顺着山路小径走了不到100米，忽然后面的一位同学尖叫起来：“有蛇！”儿子忙转过头去：“不要惊慌！”说完，他把火把伸向后面，接着，又从路旁找来三根竹棍，他对两位同学说：“每人拿上竹棍敲地，我爸爸说竹棍是蛇的‘舅舅’，蛇听见‘舅舅’来了，很快就会离开的！”儿子的话让两位同学深信不疑。三人继续往回赶。他们走了500多米路时，前面出现了两位老师和一名山林管理员的身影，他们是来寻找儿子三人的。师生一见面，真是惊喜万分！

我和妻子听完儿子讲述的"意外事故"后，妻子非常后怕！而我则对儿子当时的处变不惊、镇定自若给予了高度评价。

如果说夏令营活动初步显示了儿子的"逆境情商"高于过去的话，那么最近的一次全市少年儿童乒乓球比赛则真正显示了儿子的"逆境情商"已逐渐走向成熟。2010年六一儿童节期间，由市少年宫主办的"新星杯"少年儿童乒乓球大赛隆重举行。来自十几所中小学的选手云集体育馆。儿子从小学一年级开始，我就教他学乒乓球，儿子很快就喜欢上了这种运动，每天放学后，他在学校都要和一些同学练上一会儿。到了儿子上四年级时，他的乒乓球打得有点样子，曾代表班级参加过全校的比赛，并获得过第二名。这次全市"新星杯"乒乓球赛，儿子被学校当着头号种子选手。经过各代表队的抽签，儿子抽在了A组（少年组）的第三小组。A组共有四个小组，每个小组为四名选手。按比赛规则，采取淘汰赛的方式进行，每个小组最后只能留下两名选手进入前八名。

比赛的第一天上午，第一场就轮到儿子与另一所小学的选手比赛。几乎天天"手不离球"的儿子一上场就阵势压人，只打了四个回合，就以4:0战胜了对手。轻松取胜的儿子在下午的比赛中有些"霸气十足"，自我感觉良好，上场后，不把对方放在眼里，七局下来，儿子失手落败！输了这场比赛，预示着儿子必须在下一轮比赛中战胜对手，不然的话，他就进入不了八强之列。好在儿子很快调整了自己的情绪。到了第三场，儿子克服了自傲自满心理，一个球一个球地争夺，虽然打得很艰难，可还是在第五局拿下了这场比赛。这样一来，儿子便挺进前八名的行列。

接下来的比赛更加激烈，儿子经过与另外七名选手的交叉角逐，最后只战胜了四名选手，能否进入四强，还要看其他选手的综合成绩。悬而未决的等待，使儿子的心理承受着极大的压力，可儿子却在这种压力面前再一次调整好了自己的心态，他认为只要尽了最大的努力，即使没有"杀入"半决赛，也无怨无悔！正是儿子抱着这种心态，在幸获半决赛资格后，他拼尽全力，一路过关斩将，最后夺得了"新星杯"乒乓球比赛少年组的冠军。

　　儿子荣获了乒乓球冠军后，对我说的第一句话是："爸爸，谢谢你从小训练了我在逆境中如何平衡自己的心理，又如何用自己的智慧战胜遇到的困难。我今天能获得冠军，这与爸爸的帮助分不开！这个奖杯有一半属于爸爸。"听了儿子这番发自内心的话语，我打心里为儿子的成熟感到由衷的高兴！从儿子的成长成才之路，我更加坚信"逆境情商"对孩子培养教育的重要性！

父母借鉴 ///

　　文中的男孩从小接受了父亲的 AQ 教育，当他读小学时，在一次学校组织的夏令营活动中，他和两位同学在山上捡拾垃圾时遇到暴雨、山洪倾泻，但他处变不惊、镇定自若，领着两位同学成功自救。这就是"逆境情商"培养的成功事例，值得父母们借鉴。

第三章
"以弱胜强计"：父亲给柔弱的女儿一双法律的"翅膀"

口述：涂言劲，某局级机关科长

◆ 忍气吞声，柔弱女儿经常受到同学欺负

我的女儿亚芝是个生性柔弱的女孩，这一点，从她上小学起，就突显出来。

一天傍晚，我去小学接女儿，只见她眼睛红红地走出大门。见此情形，我问她发生了什么事，她并没有回答我的话，只是委屈地哭出声来。

我慌了神，再次追问到底出了什么事。

女儿这才道出了原委，说同班的一位男同学抢了她一盒蜡笔，她向他要回来。可是男同学就是不给，还很霸道地威胁说，如果她敢告诉老师，就揍她。女儿慑于他的恐吓，便忍气吞声地不敢言语。

听了女儿的讲述，我很是气愤，当即要找老师反映这位男同学欺负女儿的情况。可女儿死命拉住我的衣襟，不让我去找老师。

我见女儿苦苦哀求的神情，只得叹息地放弃了这一打算。

又有一次，一位坐在后排的男同学把一张写有"我是坏女孩"的纸条

粘在女儿的背上。下课后，周围的小同学看到女儿的背，立刻哄堂大笑起来……

女儿又气又急地羞红着脸，可她对后面的男同学根本不敢说一句指责的话。

这天之后，后面的男同学便时常得寸进尺地拿女儿寻开心，要么在女儿的背椅上画粉笔线；要么把女儿的长辫子用图钉摁在桌子上；要么把废纸屑扔在女儿的课桌上。

尽管男同学一而再再而三地搞恶作剧，可女儿始终没有反抗的表现，哪怕向老师反映情况，她也没有这个勇气。

一天下午，女儿所在的小学五年级（6）班上体育课。在学校的操场上，体育老师组织同学进行100米跑步比赛。跑步是女儿的强项，她很有信心跑出好成绩。

谁知，这时候，有一位与女儿同小组的女同学，趁女儿不注意，在她的跑鞋上粘了双面胶。当体育老师叫响起跑的口令后，女儿却由于鞋底有双面胶粘着，跑起来怎么也迈不动大步，结果，跑了小组倒数第一名。

当女儿发现鞋底的真相后，面对那位女同学的得意表情，只能忍气吞声地自我伤心。

一天上美术课，老师让同学们临摹绘画书上的一张人物头像。可是，课间休息时，旁边一位顽皮的男同学趁女儿去厕所之际，拿过她的美术作业本，在作业的下方画了一张女儿哭泣的肖像，并且在肖像的一旁写上了"我是一个爱哭的女孩"。

交作业时，女儿并没有发现上面的肖像。

当天下午，美术老师把女儿找去办公室，狠狠地批评了她，说她在作业本上乱画，不认真按老师的要求做。

一旁的女儿没有辩解什么，而是垂着头嘤声哭泣。

◆ 作文遭抄袭，我向女儿灌输"维权意识"

随着时间的推进，到了女儿读高中时，她的柔弱和逆来顺受的言行举止越来越显突出。

一天，语文老师布置了一篇课外作文，题目是《回忆童年印象最深的一件事》，要求写800字。

当晚回到家里，匆匆吃过饭后，女儿就走进自己的房间，闭门写作文。

第二天，早餐时，我翻看了女儿写的作文，全文记叙了女儿6岁时，清明节的那天，我带她到郊外去采摘清明叶的事。文中较为详细地描写了她在采摘过程中不慎被锋利的荆棘划破了手，鲜血直流，当时，我用随身携带的手帕给她包扎，然后，抱着她赶了1000多米路，到了一家乡镇卫生院打了破伤风针……

读完女儿这篇有真情实感的作文，我当场就拍案叫好。

两天后的中午，女儿放学回家，刚一进门，我就瞧见她眼泪汪汪的。

我猜想，她准是在学校里受了同学的欺负。

果然，在我的一再追问下，女儿才说出了一个让我吃惊的事。原来，女儿的那篇《回忆童年印象最深的一件事》的作文，被另外一位女同学拿去抄袭了。而语文老师阅读了两篇同样内容同样字数的作文后，气愤地把女儿与那位女同学一块叫到办公室里去训话。那位女同学狡辩说，作文是她自己写的，她怀疑女儿抄袭了她的作文。女儿听后，脸涨得通红，她声音低沉地说："不是的！我没有抄袭你的作文。作文是我自己写的！"语文老师一时难以辨别谁是谁非，便把两人统统训斥了一番。

当委屈的女儿告诉了我这一情况后，我的第一反应是马上拉着女儿的手，对她说："走，爸爸带你去见老师，爸爸给你作证，作文是你写的！是那位同学抄袭了你的文章。"

女儿有些害怕，对我说："爸爸，还是别去吧！"

这回，我没有依女儿，而是理直气壮地对她说："不行，我们一定要找老师讨个说法。"说完，我硬拉着女儿来到学校老师的办公室，当着语文老师的面，作为证人，我向老师讲述了女儿小时候与我采摘清明叶被划伤的故事，还把女儿手臂的袖子撸起来，给老师看那上面仍然留着的淡淡疤痕。

在事实面前，语文老师认可了我的说法，还了女儿一个"清白"。

从学校回来的路上，我瞧见女儿的脸上露出了久违的笑容，她高兴地对我说："今天要不是爸爸为我作证，我就是跳进黄河也洗不清了。"

听了女儿的话，看着女儿"阳光"的面容，我的心里酸酸的！说真的，在过去的日子里，柔弱的女儿经常被人欺负后，只知道忍气吞声，根本不懂得维护自己的正当权利。

"作文抄袭事件"发生后，我深感自己有必要对女儿进行"维权教育"，我要让女儿学会在自己的正当权利受到侵犯后，如何勇敢地与不良行为作机智的抗争。

我根据女儿这一年龄段的特点，设计了"维权教育"的可行性方案。经过一个晚上的思考，我决定采取三种方式来进行：一是利用电视媒体展播的各类有关法制维权的事例；二是选择报刊上报道的各种维权案例；三是带女儿到现场去感受别人如何维权。

方案出来后，我便开始"维权教育"的实施。第二天中午12点45分，当中央一台播出《今日说法》节目时，我马上把女儿从卧室里叫出来一块观看。

这次《今日说法》播出的是一位12岁的男孩状告父亲抛弃他的案例。

刚开始，女儿一边观看，一边难以理解地对我说："爸爸，这个男孩怎么能告自己的亲生父亲呢？这太不可思议了。"我马上引导女儿说："虽然表面上看，是有些不可理解，可别急，我们再看看到底是什么原因造成的。"我和女儿耐心地观看着案件的发展过程。

当看完事件的全过程后，女儿抑制不住地给予了评价："这个男孩太可怜了！他的爸爸一点人性也没有！怪不得男孩要告他爸爸。"

听了女儿感叹式的评价，我即刻接过话头说："芝芝，如果爸爸也这样对你，你会不会去告爸爸？"

女儿睁大了眼睛，吃惊地望着我说："可是你不会是这样的爸爸。"

我故意假设说："如果爸爸是呢？"

女儿为难了，她一时不知如何回答："可是……可是……"

我见女儿犹豫不决的样子，当即帮助她回答这个问题："你应该去告！爸爸认为，无论是大人还是小孩，当他的正当权利受到严重侵害时，就应该勇敢维护自己的权利。"

女儿用思索的眼神看着我，轻轻地点了点头。

这天以后，除了每天我与女儿一道观看中央一台的《今日说法》和《焦点访谈》节目外，一些地方台的法制节目也作为"维权教育"的范本。每次与女儿观看这些节目，我都要调动女儿的大脑，趁热打铁地进行点评。这样做，有利于向女儿灌输"维权意识"。

在引导女儿观看各类法制节目的同时，我留心采集报刊上的各种维权案例。有一天，我在单位读报时，读到一篇题为《一名女中学生起诉书店侵犯"阅读权"》的新闻报道，文中写了那位女中学生在一家正规的书店买到一本错字连篇的非法读物，便愤而状告这家书店。

我觉得这篇报道很适合女儿看，当即复印了一份。

晚上回到家里，我把这篇报道送到女儿的面前，让她好好看看。女儿仔细阅读后，感慨地对我说："爸爸，这个女孩真勇敢！这种事，我也遇到过。"

我即刻接过她的话岔，反问道："那你怎么没想过去找书店讨说法呢？"

女儿胆怯地如实说："我……我怕说不过他们。"

我引导女儿说："其实，你根本不用怕。你看人家中女学生，为了维护自己的正当权利，多么勇敢。芝芝，以后再遇到这种事，你要像女中学生学习，好吗？"

女儿坚定地点点头。

随后的一段时间里，只要报刊上登载有关维权的文章，我马上会复印或购买或借阅，回家后，让女儿认真阅读。

在向女儿进行"维权教育"的过程中，与观看电视、阅读报刊齐头并进的还有现场感受。3月15日是消费者权益保护日。一大早，我就领着女儿来到市中心广场。这儿早早地聚集了工商管理部门的消协工作人员，以及物价、税务、电力、邮电等部门的咨询人员，每个摊位前都围上了一些前来投诉或咨询的消费者。

我拉着女儿的手走到消协的摊位旁，这时，一位中年农民手拿着一个变形的电饭锅，很气愤地向消协的同志投诉说，他到一家电器店花了367元买了电饭锅，可是，到家里后，他按照说明书上的要求插上电源，没过两分钟，就烧成这样了。当天下午，他就找店家论理，可他们气汹汹地说他没有按程序使用，还嘲笑他是农民"土包子"，根本不懂得使用现代生活电器。说到这里，中年农民让消协的同志一定要给他主持公道。

消协的一名工作人员拿过烧变了形的电饭锅，认真看后，当场对这位中年农民表态说："你放心，这件事，我们一定会为你做主的！"在消协同志表态后，中年农民千恩万谢地离开了。

亲眼目睹了这一场面，我问女儿有什么看法，女儿毫不犹豫地说："爸爸，那家电器店不讲理，是应该对他们进行处罚！"

这话、这语气从女儿的口中说出，显然，在她的脑海里已经有了维权意识。

一天，法院开庭审理了一起"名誉侵权"案。我感到这是一次让女儿接受"维权"现场教育的好机会。

上午8点30分，我带女儿走进法院审判大厅，这里庄严肃穆的气氛，一下子让女儿的表情紧张起来。

9 点整，法庭正式开始审理这起"名誉侵权"案。只见原被告双方的代理律师各自陈述了自己的观点，随之双方展开了激烈地辩论。而后，法庭经过合议庭合议，最后由审判长宣读了判决书：判被告赔偿原告精神损失费5000元，并当庭向原告赔礼道歉。

判决结果出来后，女儿紧张的表情松弛下来，她悄声对我说："爸爸，我猜想原告会赢的！"

在整个庭审过程中，女儿很投入。

◆ 遭"性骚扰"，女儿对上司勇敢地说"不"

转眼，我对女儿的"维权教育"近 3 年了，女儿的法律维权意识日益增强。

女儿参加高考了。一个多月后，高考成绩下来，女儿被厦门大学录取。

女儿去大学的前夕，作为父亲，我少不了要千叮咛万嘱咐，我对她说："你一个女孩子在外地求学，一定要注意自身的保护。"女儿充满自信地说："爸爸，你放心吧，现在，我已经学会了'防身术'。"说着，她顽皮地朝我眨了一下眼睛。

女儿到大学三个月后的一天晚上，给我打来电话，告诉我她经历的一件"维权事件"。女儿说，有一天，她到一家美容精品屋去购买一瓶活力防晒保湿乳液，当时售货小姐很夸张地向她介绍了此种乳液的好处，还把一份印制精美的广告宣传单硬塞给她。

女儿相信了售货小姐的"花言巧语"，一下子买了两瓶这种活力防晒保湿乳液。

回到学校的第二天，女儿就开始依照乳液上面的使用方法，每天在脸上涂抹两次。

本以为这种防晒护肤品能起到好的效果，可万万没想到，三天后，女儿早上起床梳洗打扮时，一照镜子，猛然看见脸上的皮肤出现脱皮的情况。这一发现，让女儿大为吃惊！

同寝室女孩见之，提醒女儿说："是不是你买的化妆品起化学反应了？"

女儿难以置信地说："我买的这种护肤品可是名牌产品，怎么会让皮肤过敏呢？！"

同寝室女孩再次提醒说："现在假冒名牌的伪劣商品时有发生。你呀，肯定上当了。"

在同寝室女孩的提醒下，第二天上午，女儿就到那家美容精品屋找老板讨说法。

店老板对女儿的质问不以为然，他的说法是，女儿的皮肤也许受到其他方面的影响，根本不可能是他们的乳液造成的！

在店老板那儿讨不到说法后，女儿的脑海里立刻想到消协这一执法部门。

从美容精品屋出来后，气愤的女儿直奔消协办公室，一进门，她就向里面的两位工作人员反映了美容精品屋销售假冒商品的事实。

半个小时后，女儿领工作人员来到那家美容精品屋。在掌握了强有力的证据后，工作人员做出了查处的决定，女儿因此获得了一定的经济赔偿。

在听完女儿讲述的这件"维权事件"后，我为女儿第一次挺直腰杆与侵害自己权利的商家做抗争而叫好！

随后的日子里，不断有女儿向一些有损她正当权利的人和事讨说法的消息传回家，每次，我都肯定了女儿的"正义"做法。

已经读大四的女儿又遇到一桩令她烦恼的事。事情是这样的：这年的7月中旬，女儿放暑假了，她准备利用这段时间去打工，赚点零用钱。女儿通过人才市场应聘到一家广告公司做电脑设计工作。

女儿上岗没几天，她就感觉到这家公司的秦总经理对她不怀好意。秦总经理有事没事地找她到总经理室去谈话，除了语言上对她进行挑逗外，还对她动手动脚。

一天，秦总经理又把女儿叫去总经理室，他趁女儿没防备，上前搂住她，并在她的身上摸来摸去。

女儿很反感秦总经理的这种"下流"的举止，便正色道："请你别这样！"

秦总经理嬉皮笑脸地说："何必那么认真呢，只要你依了我，我决不会亏待你的！"

女儿并不被他的诱惑承诺所动，她奋力地挣脱他的纠缠。

一个星期后的一天晚上，女儿为一份广告创意撰写文案，办公室里只有女儿一人在加班。

这时候，秦总经理像魔影般地闪了进来，他走到女儿的身后，突然伸出了魔爪，在女儿的胸前抚摸起来。

女儿条件反射似地站起身，怒视着秦总经理说："请你放尊重些！"

秦总经理仍然厚颜无耻地淫笑着说："你越是反抗，我越喜欢。"说着，他还想做进一步的举动。

女儿死命地挣脱着，并且大声地叫了起来："来人哪！救命啊！"

一听女儿的喊声，秦总经理慌忙松开了手。

女儿逃也似地奔出了广告公司……

深夜时分，女儿躺在床上难以入眠，她在考虑如何对付秦总经理这个"色狼"，她想到去法院起诉秦总经理的"性骚扰"。

第二天上午，女儿果真走进一家律师事务所，向一位年青的女律师咨询了这一问题，得到女律师的大力支持，女律师很快介入调查。由于这种隐蔽的侵权事件取证较难，法院一时无法开庭审理。

广告公司的秦总经理消息灵通地得知女儿准备告他"性骚扰"，他担心这件事闹大了会影响他在商界的声誉，便接受了女儿代理律师的建议，庭外进行调解：他当面向女儿赔礼道歉，并赔偿精神损失费1元钱。

女儿在讨到说法的当天，就辞掉了广告公司的工作。

耳闻女儿又一次"维权"成功，作为女儿"维权教育"的启蒙人，我打心里为她感到自豪！

女儿从大学毕业了，即将步入社会这个大熔炉，在她前面的人生道路上，肯定还会遇到许许多多的烦恼之事，我相信，受过"维权教育"的女儿一定会处理好的。

父母借鉴 //

文中的父亲在得知女儿在学校里屡次受到同学的欺负后，决定对柔弱的女儿进行"维权教育"。他根据女儿这一年龄段的特点，设计了"维权教育"的可行性方案。经过一个晚上的思考，他决定采取三种方式来进行：一是利用电视媒体展播的各类有关法制维权的事例；二是选择报刊上报道的各种维权案例；三是带女儿到现场去感受别人如何维权。在父亲的"维权教育"下，女儿在大学期间，在自己的权利受到侵犯时，拿起了法律的武器"维权"成功。

第四章
"平等计"：勤俭母亲与时尚女儿一块成长

口述：蒋勤英，某银行会计师

◆ 面对女儿离谱的时尚

我的女儿连玉君自小就是个新潮胚子，从幼儿园开始，到小学到初中，一路走来，吃喝玩乐穿，样样都要领潮流之先。尤其到了高中一年级，女儿的前卫意识达到一个小小的顶峰："淘小店"购买发饰、发夹、小挂件、丝巾乃至生肖小首饰；"泡茶吧"品三道香醇茶，聊韩剧偶像；"蹦迪""溜旱冰""进健身房"……凡此种种时尚项目，女儿都乐此不疲。

虽说女儿喜好时尚，目前并未影响她学习成绩的中游状态，但我还是有所担心，长此下去，必然会拖她的学习后腿。

我是个既不守旧也不新潮的母亲，中庸的我，对女儿追求时尚的所作所为，一直抱着听之任之的态度。可当有一天，原先一头秀发的女儿冠顶五颜六色张扬无比的爆炸式假发猛然站在我的面前时，我惊讶得目瞪口呆。第一感觉是：女儿的新潮新得太离谱了！

刚满16岁的她，怎么可以不顾及莘莘学子起码的形象，装扮成这副洋不洋土不土的怪模样，成何体统？！我恼怒了，冲她吼叫道："你从哪儿学来这套鬼花样？不伦不类，让人作呕！"女儿不以为然我的话，反倒取笑说："妈，你老土了吧！韩剧你看过吗？这可是当今最最流行的假发式样。"说真的，我对那种缠绵煽情的韩国青春偶像剧确实弃而远之，当然不了解韩流所风行的细之末节。

女儿的离谱尚未结束，没过几天，她又用压岁钱擅自购买了一套军事味极浓的宽腿袋裤。当她像空投伞兵般降落在我面前时，我的眼珠子凝固了，傻傻地盯着酷似野战排女军人的她，好半天说不出话来。女儿拿手指头在我面前晃了晃，说："妈，看傻了吧！我酷不酷哇？"说着，还摆了一个军事动作。好容易缓过神来的我，开口说道："君君，你是不是做梦都想当军人？"女儿即刻捏着鼻头，嘴里发出一连串的咯咯声："妈，你要笑死我了！我说你是老土，还真是老土。连流行都不懂！"

女儿的离谱越演越烈，一个周末的傍晚，女儿说是约了三两个"女死党"逛大街放松一下，我知道女儿学习紧张了一星期，便同意了。不曾想，女儿临出门时，她除了给明亮的眼睛周围抹上厚厚的眼影，还给自己尖细的长长的指甲涂上扑朔迷离的颜色，末了，她脚穿一双目不忍睹的高跟鞋。见此情形，我第二次冲面前的中学生发怒道："你自己照照镜子，像不像个女妖精？太不像话了！"

我的发怒，并没有震慑住女儿，她一脸坏笑地望着我，倒像心理医生似地开导我："老妈，消消气吧。你的孩子爱时尚，你就当她自己闹着玩，千万别上心，不然，一激动可要犯心脏病哦！"

面对女儿如此这般的新潮，我真是啼笑皆非。

◆ 加入女儿的时尚阵营

女儿的怪味时尚有增无减地向前推进，作为一名现代母亲，是阻挠女儿前进的步伐？是成为女儿口中"老土"的笑柄？还是迎头赶上女儿时尚的步调？这决定我属于什么类型的母亲。

历来中庸的我，经过一番自我革命，最终选择了第三者——与女儿步调一致地追求时尚。我的目的很明确，在与女儿同步前进的过程中，引导她选择有益的时尚方式。

我要想达到与女儿同步时尚，这不是件容易的事，现代的少男少女喜欢吃什么、喜欢玩什么、喜欢穿什么、喜欢看什么和喜欢说什么，这些，我都知之甚少。一位伟大领袖曾经说过这样的话："活到老，学到老。"我现在还不老，一切从头学，不耻下问已经有所"成就"的女儿，是我这个初学者的捷径。

一个双休日的傍晚，女儿吃过晚饭后，她坐到电视机前，边吃刨冰边看起了一部韩国电视连续剧。为了接受新潮思想，我也放下架子，坐到女儿的身边。女儿见我这个她眼中的"老土"也来欣赏韩剧，颇为吃惊，"妈，这是韩国片子，你不是恶心韩剧的吗？"女儿满脸的疑问。"人是会变的，妈也想变变自己的欣赏口味。"女儿疑问的表情随即烟消云散，点了点头："哦，是这样。"

加入女儿那大呼小叫的欣赏行列，一开始，我怎么也进入不了剧情之中，那人物的装腔作势、那夸张的动作、那令人目眩的穿戴，让我心里泛起一阵阵的不快，可既然下了决心改变自己的口味，忍也要忍到接受为止。一集又一集地欣赏下来，不知不觉中，我竟然就剧中某个青春偶像的时尚饰品发表评论说："我觉得金香美脖子上的纱巾很飘逸，正好衬出她白白净净的皮肤。"一听我的评头论足，女儿猛地侧过脸来，像找到知音似地说："我也是这么认为的！"

第一次与女儿观看韩剧后，一连几天，只要有空闲，我都会陪伴在女儿的身边，渐渐地，少男少女钟情的这部韩剧，也成为我这个中年妇女的所好。

听流行歌是女儿每天的必修课，MP3、网络是女儿听流行歌曲的重要工具；孙燕姿、周杰伦、谢霆锋、李心洁、陈慧琳和温岚是女儿崇拜的歌手；《遇见》《同一个星空下》《安静》《祝我生日快乐》和《记事本》是女儿喜爱的歌曲。往日，每天一放学回家，女儿就超分贝地狂轰滥炸，震耳欲聋之声时常惹起我的怒斥。充耳不闻的她照旧摇头晃脑、手舞足蹈地沉浸在她那美轮美奂的梦境中。现在，我这个"老土"不想再采用不起一点作用的怒斥方式，而是改换一种与她为伍的方式。

　　一天傍晚，女儿正陶醉在李心洁的《同一个星空下》，我走到她的面前，脸露和颜悦色，很谦虚地请教她说："君君，听什么好歌呢？"女儿见我毫无敌意，便摘下耳麦，友好地套在我脑袋的耳廓上，"妈，这歌太优秀了！你听听，简直是极品！"我果真像那么回事地听了起来，啊！这是什么玩意儿，根本与我喜欢的那些民歌相差十万八千里，一点也不入我的口味。"妈，怎么样，够煽情的吧！"望着女儿自我感觉良好的样子，我不想扫她的兴，便违心地顺应她的话："是不错。"女儿高兴了，笑脸如花地说："我喜欢的歌曲，全世界的人都会喜欢。"听着女儿夸张的话语，我想喷笑又抑制住了。

　　玩手机是女儿的拿手好戏，从小学五年级开始，她就拥有了当时最新潮的折扇款式。此后，各种星座女生手机、三星双屏A288、诺基亚8250、首信C6088都在她手中把玩过，要说造成她如此奢侈消费的元凶，应该归结为我们家的"小康生活"。尽管我的宝贝女儿能够超级享受，可我这个"老土"的老妈却从一而终地天天使用一款能进博物馆的老式手机。一天晚上，我再次虚心地向"手机大王"女儿请教手机上网的事，女儿像吃豆腐那么轻便地说："这太小儿科了！"说着，她掏出超爱的宝贝索爱810，指着上面给我看，"只要把wap.waptd.com存入书签，点击就可以进入mospace，你看，多easy呀！"经"手机大王"这么一点拨，我茅塞顿开，原来带摄像的手机上网确实很容易很方便。

除了虚心请教女儿一些时尚知识，我还有意识地加入她的玩耍阵营里。每到周末的晚上，女儿都要去"蹦迪"。过去，我也曾经阻拦过她，怕她在那种场所遇到不三不四的人。现在想来，既然"蹦迪"是健身运动的一种方式，那我也不妨加入她的阵营，体验一下少男少女热衷的运动项目。女儿见我有心跟她一块去"蹦迪"，仰声大笑起来："妈，你这把老骨头也想发烧？行吗？"我不服老地回答："妈才四十冒尖，正当年呢。你没瞧春节晚会上，那些七老八十的老太太还跳得那么欢呢。"女儿马上收住了喷笑，像教练挑选队员似地说："那好吧，我带你去蹦一回发发烧。"

半个小时后，女儿领着我走进她喜欢的世界里，闪烁的五彩灯、张牙舞爪的青春面容、强劲的狂欢音乐，在这迷幻般的另类世界，我的心第一次受到强烈的震撼。女儿拉着我的手，闯进人的海洋中，此时此刻，不容我有深刻的思想，只能有单纯的念头和简单的动作，不管不顾地蹦起来、蹦起来……

◆ 有选择指导女儿时尚消费

三个月下来，我已经全方位地进入女儿的时尚阵营里，我学会了上"淘小店"、学会了听流行歌曲、学会了吃汉堡和辣唇的凉粉，还学会了看韩剧说韩话。如果说两个月前，我还属于"老土"的话，而如今，我这个中年妇女倒成为返老还童的"老来俏"。

我的行为方式改变了，自然与女儿有了更多的共同语言。

我了解到，以前，女儿几乎每个周末的晚上，都要约三两个要好的同学去"泡茶吧"。一个周末的傍晚，为了引导女儿的文雅消费，我主动邀请她去"飘四方茶吧"喝茶。女儿不相信地望着我，那意思是这是真的？在得到我进一步肯定后，女儿惊喜地在我面前一蹦三跳说："妈，你越来越可爱了！"到了茶吧，香酪的茉莉花茶泡上来后，我把自己所知道的有关"茶文化"的知识灌输给女儿："你知道吗，我国是茶树的原产地，是世界产茶、饮茶最早的国家，茶不仅是一种饮料，色、香、味俱全，口感好，而且还有益健康。人们在饮茶中，创造了灿烂的茶文化，饮茶文化是我国民族文化宝库中的精品，我国被人称为'茶的祖国'……"

女儿边抿着香茶边目不转睛地认真听讲。这晚，我们母女"泡茶吧"一直泡到星星布满夜空才余兴未消地返回家。

我也了解到，平日里，只要有哪怕半点空闲时间，女儿都要一头扎进音像店选购自己喜爱的光碟。对于女儿的这种有益于身心快乐的消费，我很赞同。又一个双休日上午，女儿准备出门去音像店，我马上请缨说："妈今天陪你去买几盘光碟。"女儿喜出望外，随即挽着我的手臂冲出家门。来到音像店后，我事先已经探测到女儿的口味，从琳琅满目的光碟堆里挑选出孙燕姿、周杰伦和李心洁等的新光碟送到女儿的面前。女儿很感意外："妈，你怎么知道我喜欢这些歌手？"我笑得很神秘地说："因为我是你妈呀，你肚里那点弯弯肠子，我一清二楚。"随后，我又推荐了几张能代表中华民族音乐精髓的民歌光碟给女儿，她竟然没有抵触情绪地接受了。一个多小时下来，我帮女儿挑选了一大摞能让她快乐的光碟，女儿很过意不去地对我说："妈，今天让你破费太多了！"我表态说："这种钱，妈心甘情愿花。"

女儿17岁生日，我已基本摸清这个年龄段孩子的时尚口味，决定在家里为女儿的生日搞一次化装晚会。女儿一听我的策划，灿烂地笑着说："知我心者，老妈也！"晚上8点左右，女儿召集了班里的几个"死党"来家欢庆，又吃又喝又歌又舞，还拿出双屏幕手机随意拍下姿态百出的芳影，第一时间上传到电脑网络。身兼东道主和观赏者的我被眼前一群充满青春活力的少男少女健康的举止感染了，也跟着摇头晃脑起来。

欢庆生日后的第三天晚饭时，女儿超兴奋地告诉我，那天过生日传到网上的化装晚会视频，已经在网络上火了一把，有许多网友留言祝贺。还说网站的斑竹作为礼物，奖励了她一辈子也花不完的社区币，简直把她爽歪了。

闻听此消息，我也跟着女儿超兴奋起来。

寒假来临，我从一份晚报上看到，市青少年宫正准备搞一次主题为"亲近自然、挑战极限、超越自我"的攀岩活动。攀岩是当今青少年喜爱的健身竞技活动，我想，它不仅能锻炼女儿的坚强意志，也能强健她的体魄。得知这一信息后，回到家里，我征求女儿的意见。一听有风行的攀岩活动，女儿二话没说，就答应报名参加。女儿本以为攀岩是很好玩的活动，没想到，到市青少年宫才训练了三天，就腰酸腿痛叫苦连天，几次都想打退堂鼓。我不想让女儿半途而废，便诱导她说："攀岩可是很时尚的运动，如果你放弃的话，就是狗熊，就不配做个时尚的女孩。"这话激将了女儿，她咬牙切齿地发誓："我才不做狗熊呢，你等着瞧好了。"

在我的激将下，女儿忍受着皮肉的酸痛坚持训练，到半个月训练结束参加正式攀岩比赛时，晒成山里红的她已经成了一名勇敢的攀岩小战士。比赛结果，她夺得了小组第二名。当女儿穿着运动服、戴着安全护具仁立在"悬崖绝壁"的顶峰俯瞰我时，她那表示胜利的二指禅高高地举起。这一瞬间，我也激动地朝上方回了一个二指禅。

女儿有了攀岩活动第二名的战绩，我对她继续参加集体性的时尚活动充满了信心。五一节期间，我得知市里两家媒体和一家集团公司联合举办"赣新杯时尚女孩选拔赛"，二话没说，就拉着女儿去报了名。5月2日的选拔赛，经过才艺展示、户外走秀、上镜表演等项目的初赛，女儿过五关斩六将跻身于10个复赛名单中。5月6日下午，女儿使出了浑身的时尚解数，再次刷掉多名竞争对手，一举夺得了"赣新杯酷炫女孩"的桂冠，现场拿到了大红获奖证书和1000元大红包。

当女儿站在领奖台上像当红明星似地向观众炫耀两件红宝贝时，台下的我两眼终于滚出了珍珠般的激动泪水……

父母借鉴 ///

文中的母亲，当她发现女儿的"时尚"已经与日俱增了，经过认真思考后，决定放下母亲居高临下的"架子"，融入女儿的阵营中去。她由原来对女儿追求"时尚"的不感冒，到与她"同流合污"，再到有选择地引导女儿进行时尚消费，在这一系列的演变过程中，她一个原先的"老土"，也转化成了一名与时俱进的"新鲜人"，而开发她时尚行为的启蒙老师便是女儿。当然，作为母亲，她在与女儿一同追逐时尚之际，始终没忘记自己所肩负的指导职责。这位母亲的做法值得借鉴。

第五章
"远交近攻计"：父亲让儿子学会高雅交际

口述：卢劲冲，某贸易公司部门经理

◆ 学成人"送礼"，儿子涉足"交际怪圈"

我的儿子卢云鹏现读小学六年级，性格外向的他从小就是个喜欢交朋结友的孩子，他外交能力突出，在我的亲朋好友中是公认的。

对于儿子喜爱交际，一般情况下，我是抱着赞赏的态度。当然，作为长辈，我也没忘记自己的引导职责，时时提醒儿子要结交良师益友，远离"狐朋狗友"。在恰当的时候，我还会像警察似地对他进行抽查和监督。

尽管我指导了儿子交友的大致方向，但毕竟一切行动还要靠他自觉去遵守。不知从什么时候开始，儿子养成了一种"物化"的交际方式，他效仿一些成人用"送礼"来维系与别人的友谊。

一天，儿子伸手向我要60元钱。我问他做什么用，儿子理直气壮地说，有位要好的同学明天过生日，他准备送一份礼物。对儿子的合理要求，我没有反对的理由，便给了他60元钱。第二天傍晚，儿子参加了那位同学的生日晚会。晚上回家时，我见儿子满脸红彤彤的，一盘问，这小子竟然喝了三杯红酒。我历来反对未成年人喝酒，便毫不留情地批评了他几句。儿子却反驳我说："这有什么，你没见我那些同学，他们斗起酒来，有的能喝半瓶白酒。你不知道，如果那种场合不喝酒，同学们就会说你对他感情不深。"听了儿子的抢白，我啼笑皆非，这显然是某些成人的所为。

儿子11岁生日，我和妻子商量决定，准备把两边的家人请到家里一起庆贺。可儿子坚决不同意，他说："我们班上的辉辉过生日，他爸爸妈妈都上酒店请客，还请了我们班上的许多同学去祝贺。我也要去酒店过生日，也要请要好的同学一块去。"对于儿子想搞攀比的要求，妻子稍加考虑后，同意了。而我却不赞同，觉得儿子的这个要求太铺张浪费了，小小的生日聚会，没必要这么大张旗鼓。

儿子见我反对，便使出了"绝招"："一哭二闹三罢吃。"无奈之下，我只好满足了他的要求。

12月29日傍晚，我们为儿子举办了隆重的生日晚宴，足足办了六大桌，光是儿子的同学，就摆了两大桌，极大地满足了儿子的攀比欲望和虚荣心。

当儿子的同学到来时，我发现每位孩子手上都拿着一个红包，进门后，他们各自把红包交给儿子，并向他说着应酬的恭喜话。当然，对于红包，儿子面不改色地一一"笑纳"。

这一情景，对我产生了不小的震动：儿子小小年纪，就学会了收红包这一套。

更有甚者，一个穿戴很新潮的男同学，从随身携带的大礼盒里掏出一艘镀金的帆船，当着众人的面送到儿子的手上，炫耀说："哥们儿，我这可是花了880元买的礼物，拿着！"在场的同学都为这位同学的出手阔绰惊叹，说他大方，够义气。

晚宴后回到家里，我问儿子："爸爸妈妈今天这么热闹地为你庆祝生日，你总应该高兴了吧？！"谁知，儿子有些不屑一顾地说："马马虎虎吧，我同学的爸爸妈妈都是这么做的。"

儿子如此评价我和妻子的"功劳"，真叫我俩寒心！

◆ 以身作则，我与儿子共同尝试"新送礼方式"

儿子"物化"了的交际，随着时间的推进，口味越来越大。到儿子读初中一年级时，他动辄就向我索要50元、100元，或者更多，理由自然是用于他所谓的正常交际。如我不同意给的话，他就会搬出这样的话来激我："你们大人交际，不是也流行送钱送礼吗？爸爸，记得上回鲁叔叔结婚，你送了他200元的礼金；钟大伯乔迁新居，你送了500元；还有秦科长的女儿读大学，你送了600元。"

被儿子揭了老底，我只有心虚地满足他的要求。

儿子用钱物来维系与同学、朋友间的友谊，这已是不容回避的现实。作为父亲，我知道，如不尽快制止儿子这种不正常的人际交往，任其发展下去，就会使儿子走入交际的误区，"只认钱不认情"，使他的人生观出现变异。

我也明白，要想改变儿子目前交际中的不良行为，我应该从自身做起，首先要改变我的行为方式。不然的话，儿子肯定会抓住我的"小辫子"说："你说我做得如何不好，你们大人又是怎样做的呢？我可是向你们学的。"

反思儿子抓小辫子的话，事实确实如此！是啊，"千里送鹅毛，礼轻情意重"曾是中国人对送礼的美好描述，而如今，"礼多人不怪，礼重不压身"却逐渐在我们成人世界里风行，这种送礼的新标准，完全是以"礼数"的多少来衡量友情的亲疏远近。这种"物化"了的友情，让过去许多纯洁的友情变得俗气十足！

看来，改变我自身"俗气"的交际方式成了当务之急。

每年节假日，是"送礼"的高峰期，亲朋好友大都选择这样的好日子，举办各种喜事或活动。元旦即将来临，我和妻子各自收到了四五张请柬，有同事儿女结婚的，有朋友乔迁新居的，还有邻居的孩子满月的……

　　面对名目繁多的请柬，按照往常的习惯，我和妻子少不了要花费可观的人民币去应酬。可这回，我主动与妻子商量，我们可不可以一改过去的习惯，对于亲朋好友的这些"隆重邀请"采取"另类处理"，可以通过打电话或发手机短信的方式，表达对他们喜事的恭贺。妻子对我这种"另类处理"方式持担忧的态度，她担心因此会失去这些亲朋好友。我却告诉她，我们这样做的目的，是想给儿子起个表率的作用。要知道，孩子的一言一行，父母的行为在很大程度上产生直接的影响。一听这话，妻子虽然有所顾虑，但还是默认了。

　　一天傍晚，吃晚饭时，我当着儿子的面，把我和妻子各自收到的请柬摆在他的面前，然后，我问儿子："爸爸妈妈收到了这么多叔叔阿姨发来的请柬，你是家庭中的成员之一，爸爸想听听你的意见，该怎么处理？"

　　儿子瞄了一眼桌上的请柬，不假思索地脱口而出："那就一一送钱呗！"我又问了一句："你说每个人应该送多少钱才合适？"

　　儿子立刻摆出一副老于世故的神态，念口诀似地说："一百两百关系一般、三百四百关系较好、五百六百关系密切。要看这些叔叔阿姨与我们家关系的亲疏远近，再定礼钱的多少。"

　　这些"市面行情"的话，从儿子口中说出，让我和妻子吃惊不小！

　　惊讶过后，我想让儿子来算笔"礼钱"的账："儿子，你给爸爸算算，如果按照你说的行情，我们给每个叔叔阿姨平均送400元钱，这里有9张请柬，一共要送多少钱？"儿子的数学兴趣一下子被我调动起来，眨巴了一下眼睛，而后报出："3600元就够了！"我马上又调动他的数字概念："那你再算算，妈妈每个月的工资是2256元，爸爸的工资是2479元，加在一块再减去这次送礼的钱，还剩下多少？"

　　这回，儿子扳着指头心算了片刻，叫了起来："哇，还剩1135元钱呀，太惨了！"我接过他的话头说："你说1135元钱，能应付我们家这个月的生活开支吗？"

刚才还不以为然的儿子，此时大摇头。

随后，我又把决定权交给他："儿子，你说这么多请柬，我们要不要送礼钱？"

儿子脸上即刻显出为难的表情，说："不去又不好，人家肯定会说我们太不懂人情世故！去了，又要送这么多的礼钱，为了充面子，我们一家人总不能不吃不喝吧！爸爸，你说怎么办？"说完，儿子把决定权又抛给了我。

儿子用期待的目光望着我，我仍然用征求的口气说："儿子，你看这样好不好，在朋友们办喜事那天，我们用快递的方式，给他们送去漂亮的花篮，写上我们的祝福。这种贺礼，既浓情高雅又经济实惠。"一听我的"策划"，儿子抱着顾虑的态度问："这样行吗？"我说："咱们试试吧，看看友情是否经受得起这种新礼仪的考验！"

元旦那几天，我和妻子分别给发请柬的同事、朋友和邻居送了花篮，并在他们办喜事时打去电话或发手机短信表示祝福。

元旦给朋友们送礼方式的改变，一度让我的友情陷入危机的边缘。妻子和儿子曾经的担忧不无道理。拿好朋友劲宇来说，就因为我没有去参加他女儿的婚礼，也没送上丰厚的礼钱，此后的一段时间里，他对我的态度发生明显的变化。

有一天，我打电话请他到我家来喝新茶，他竟然阴阳怪气地说："你们家的茶，我可喝不起！"

更叫我感到难堪的是，劲宇的小儿子在学校里遇见儿子，他直言不讳地说："你爸爸是个十足的小气鬼！上回你奶奶去世，我爸爸都送了200元钱。可我姐姐结婚，你爸爸只送了一个花篮。我们家再也不和你们家来往了！"

傍晚，儿子从学校回来，告知此事后，他脸上挂着忧郁地对我说："爸爸，我早就说过，现在的友情没有钱作保证是不可能维持的。怎么样，我们的试验失败了吧？！"

"不，尽管劲宇叔叔目前对爸爸产生了不好的看法，可爸爸相信，我俩的友情不会因此而失去！"在儿子面前，我不承认"新送礼方式"尝试的失败，为了给儿子做个成功的榜样，我准备从与劲宇友情的恢复入手，用事实来引导儿子。

我知道，劲宇很喜欢钓鱼。一个双休日，我打电话邀请劲宇一块去潭湾镇的大水库垂钓，一开始，他还态度冷淡地推说自己有事去不成，可我抓住了他的"弱点"，盛邀道："我听一位老表说那儿的鱼又大又鲜活，很容易上钩。"劲宇挡不住我的一再"诱惑"，终于松口了，答应一块去钓鱼。

临行时，我把儿子也带在身边。到了钓鱼现场，儿子亲眼瞧见了我与劲宇谈笑风生的垂钓情景，他原先担心我会因此失去这位朋友的顾虑消除了。

钓鱼后的一天晚上，劲宇主动打电话给我，邀请我去他家玩。当晚，我领着儿子去了劲宇的家。在他家，我和儿子欣喜地看到，我们用快递送给劲宇的花篮，被摆在房间显著的位置。回家后，儿子感慨地对我说："爸爸，看来劲宇叔叔最终接受了咱们的新礼仪。"我肯定了儿子的说法。

通过这次处理交际中的尴尬问题，我让儿子懂得了变"俗气"为高雅、变奢侈为经济、变攀比为平和，还向他灌输了友情在于"交心"而不是"交物"的道理。

一天，我的大伯打来电话，说他女儿考取了上海的一所名牌大学，他大张旗鼓地宴请了亲朋好友，可宴请过后，却招惹了一些是是非非，他向我倾吐了内心的烦恼。

听了他大致的叙说后，我觉得这是引导儿子进一步认识"友情与金钱"的活教材。当天晚上，我领着儿子来到大伯家，想让儿子亲耳聆听他的苦楚。

在大伯家刚一坐下后，我就把话题引到了"办喜事"上来。大伯毫不掩饰地叙说，他按照如今风行的做法，给"中秀才"的女儿办了一个"谢师宴"。原以为这样做，既风光又实惠，不曾想，"谢师宴"过后，他却因此失去了一批"好朋友"。前来参加宴请的朋友，私下里说他打着"谢师宴"的名义想大捞一笔"横财"；而没有被宴请的朋友知道后，说他看不起他们，嫌他们贫穷……。说到这儿，大伯感叹道："当初真不该办这个'谢师宴'！真是得不偿失呀！"接着，大伯还向我们讲述了操办宴席的苦衷，先要列出一长串名单，就够烦人的；随后，又要选择什么档次的酒店和菜肴，很是伤脑筋；再之后，又要应酬各方宾客，稍有不周，就会惹来非议和责难；最后，还要仔细登记送礼人的"钱款"，以便日后送还。这一系列的操作，让他深感疲惫不堪！

从大伯家出来，我问儿子有何感想，儿子感同身受地说："看来友情不能与金钱搅和在一块，也不能用金钱来维持和衡量，不然的话，就像大伯那样，两边不讨好，最终既失去友情，又很辛苦。"

一个初中生能有如此深切的感悟，我惊喜之余，为儿子的思想开窍感到快慰！

◆ 走出"交际怪圈"，儿子懂得了"君子之交"的真谛

每年春节是压岁钱和红包大比拼的日子，亲朋好友间拜年，总忘不了要给各家的孩子一个大红包，且这种大红包的数额，有逐年增加的势头。这样做的结果，不仅给大人增加了额外的经济负担，而且还造成孩子的攀比心理。

春节前夕，我对儿子说："从今年起，爸爸想对压岁钱来个改革。"儿子问："怎么改革？"我告诉他："爸爸妈妈不给你压岁钱了，而是任你选择一份喜爱的礼物，比如足球鞋、课外书籍或者MP3等，你看可以吗？""太棒了！"儿子欣然接受了我的建议。

春节七天的走亲访友，我也采取了"新送礼方式"，不再直接给亲朋好友的孩子压岁钱，而是送一些小礼物给他们。与此同时，我也让儿子不要随意接受亲朋好友的压岁钱。即便是爷爷奶奶给的压岁钱，在我的指导下，儿子买了一些补品和好吃的糕点，回送给爷爷奶奶，以尽晚辈的孝心。当爷爷奶奶拿着小孙子送的礼品，笑得嘴都合不拢，直说孙子长大懂事了！

春节压岁钱的"改革"，我再次让儿子感受到了"新送礼方式"的种种益处。

俗话说"师傅领进门，修行在个人"，经过几次拿我们成人的交际做"试验"并获成功，儿子也做好了改变自己交际方式的准备。

有一次，儿子的要好同学童剑要转到另一所中学去，有同学提议，每人出100元钱，到酒店AA制一顿为他送行，并买一个大礼包送给他。儿子不想加入这种"俗气"的活动，他知道童剑平时很喜欢打羽毛球，便独辟蹊径地送给他一副羽毛球拍。童剑很高兴地接受了儿子的礼物。此后，虽然童剑去了别的学校，但他与儿子的亲密关系一如既往。

还有一次，儿子一位小学同学阿龙过生日，阿龙效仿成人办喜事，郑重其事地给儿子发来请柬。儿子接到请柬后，要在过去，他准会伸手向我要钱送礼，可这回，经过我"新送礼方式"洗脑的他，却一改过去的"俗气方式"，亲自动手制作了一张生日卡，并在生日卡上写下了："阿龙，我真诚地祝贺你生日快乐！"第二天上学时，儿子就把生日卡邮寄给了阿龙。

教师节来临前，不少孩子为了拉近与老师的关系，学会了在这一天给老师送购物卡（这种购物卡能在各大超市购物），购物卡的数额为100元、200元甚至300元一张，这无形中给家长增加了经济负担。可今年，在教师节到来的这一天，儿子没有向我提出这种要求，他如法炮制地给老师送去了一张自制的贺卡，并且用手机给老师发去祝节日快乐的短信。

圣诞节的晚上，儿子用手机发短信的方式，一封又一封地向老师、同学和新老朋友发去了祝福……

又到了儿子的生日，这年的生日，他没有向我和妻子提出去酒店搞隆重的宴请仪式，而是同意我们在家里搞一次颇有"情调"的烛光晚餐。儿子亲自动手布置了烛光晚餐的现场，我亲手做了六菜一汤。就在我们三口之家欢欢喜喜地举行生日庆典之际，有人敲门，是邮局的快递员，他把一个大盒子送到儿子的手上。儿子接过盒子打开一看，里面是一个生日大蛋糕和一个八音盒，"祝你生日快乐"的音乐立刻响起……

不一会儿，儿子又先后接到了几位同学打来的恭贺电话。瞧见儿子满脸幸福的表情，我知道，儿子已经把我们家的"新送礼方式"传递给了他的同学们。

儿子终于走出了交际的怪圈，也终于懂得了"君子之交"重在"心交"而不是"物交"的道理。作为家长，我有说不出的欣慰和快乐。

父母借鉴//

老百姓讲究礼尚往来，当成人间在送礼上的攀比和"人情钱"越涨越高的风气蔓延到孩子们身上，让年少的他们也陷入成人的"交际怪圈"时，作为家长、父母该怎么办？文中的父亲身体力行，用改换传统的社交方式为"新送礼方式"，让儿子懂得了"君子之交"重在"心交"而不是"物交"的道理，最终使儿子走出了"交际怪圈"。

第六章
"奖惩计"：母亲用"作息时间表"助娇儿考上清华大学

口述：浩子彤，某中学教师

◆ 问题多多，接手散漫娇气的儿子

一天晚上，我的婆婆打来电话，说她和老伴最近身体都不太好，想把我的儿子田笑锋送回我身边。一个星期后，婆婆亲自把儿子护送到我这儿。

我半年多没见儿子了，他本来就墩墩的体型，比上回见面看长许多，显然是婆婆喂养的功劳。

儿子不仅外形见长，他的娇气也加倍。晚餐时，我做了六菜一汤，谁知，儿子的筷子在每道菜上翻动了几下，就嘟着嘴撂下筷子，说这些菜一点都不好吃！

婆婆一见，马上连哄带劝，让他看着奶奶的面子多吃几口。

儿子根本不卖婆婆的账，他仍翘着嘴说不吃就是不吃。

瞧见儿子娇气十足的样子，婆婆无奈地摇了摇头，对我苦笑着，说孩子就这么个任性脾气。

儿子不管婆婆和我的感受，拒绝进食半点美味佳肴，即刻离开餐桌，直奔

冰箱，从里面抱出一大盒动物雪糕和冰淇淋，坐到电视机前观看起娱乐节目。

晚上，婆婆单独向我聊起了儿子在她身边的种种生活习性，说他每天放学回家后，就钻进房间去玩电脑，连吃饭也要在电脑前吃；说他在学校里不喜欢和同学一块玩，原先有一个要好的同学，也不知什么原因，两人就再也不来往了；说他挑食很严重，特别喜欢鸡鸭鱼肉和零食，尤其对高脂肪的膨化食品情有独钟，几乎天天都离不开，而对维生素多的青菜和水果从不沾口；说他对老师布置的作业经常不完成，好多次老师打电话来通报情况；还说他……

听完婆婆絮絮叨叨的讲述，我知道，隔代教育，爷爷奶奶对待孙子大都采取溺爱的方式，这种溺爱所养育出来的孩子不仅娇气自私，还缺乏责任感。我是个教育工作者，深知溺爱孩子的危害性。耳闻目睹儿子身上诸多的不良习气，我觉得有必要对儿子进行脱胎换骨的改变。

儿子被我收管的第一天早晨，我做完早餐，叫他起床吃饭。可喊了几次，他都赖在床上不肯起来，还提出不良要求，让我把早餐给他端到床上去吃。

我不想纵容儿子的不良习惯，马上对他说："妈妈不允许你在床上吃饭，快起来吧。"

儿子仍躺在床上，满脸不高兴地说："奶奶就是让我在床上吃饭的。"

我接过他的话头："可你现在归我管，一切都要按我的要求做。"说完，我走到床前，伸手掀掉他身上的毯子。

眼下是放暑假，我问儿子，老师暑假布置了作业吗？

儿子敷衍地回答早做完了。

我便对他说："那我再给你布置一些暑假作业。"

一听这话，儿子反应强烈，猛然抬起头来，抗拒地说不想再做作业，他要好好玩玩。

我马上引导说："我不反对你玩，可暑假这么长，你总不能天天玩吧？你下个学期可是真正的中学生了，你难道不想比其他学生懂得更多的知识？"

儿子眨巴了一下眼睛，很不情愿地答应说："那好吧。"

◆ 军事化管理，赏罚分明实施"作息时间表"

暑假很快过去了。我带儿子来到中学报名。

作为母亲，当然期望儿子能在学业上大有出息。根据我过去的教学经验，以及曾经到一些好的私立学校听过的课，觉得他们军事化的封闭式管理值得借鉴。于是，我决定对儿子实行军事化的"作息时间安排"，目的是培养他良好的生活和学习习惯。

回到家里，我就按照儿子从学校里领回来的课程安排表，结合儿子这个年龄段孩子的生理特点，制订了两份"作息时间表"：一份是平常上课的安排，一份是双休日的安排。

平常的"作息时间表"，我是这样安排的：早晨5点30分起床跑步、6点20分吃早餐、6点50分出门去学校、中午12点15分准时吃午餐、12点50分午休、下午1点40分去学校、傍晚6点整吃晚饭、6点30分看喜欢的动画片、7点看《新闻联播》、7点30分开始做老师布置的作业、9点30分准时上床睡觉。

双休日的"作息时间表"，我侧重于健身娱乐的安排，如去游乐场，或与小朋友玩游戏，或在家看娱乐性的电视节目，或上书店买课外读物，或到门口的球场去打羽毛球（或乒乓球）等。

两份"作息时间表"制订出来后，我对儿子说，从明天开始，要严格按照这两份"作息时间表"，对他实行科学的军事化管理。如果遵守纪律的话，我会奖励他；违反要求的话，就要进行处罚。

儿子接过两份"作息时间表"，随意翻看了一下。

"如果你同意的话，就在这下面签上你的名字。"说着，我递给他一支钢笔。

儿子不以为然地在两份"作息时间表"的下方歪歪扭扭地签上了自己的

名字。

签订了"作息时间表"的第二天早晨5点30分，我走到儿子的卧室门口，叫他起床，一连叫了三遍，他虽然口头上答应了，可仍然不见起床的动静。我即刻推门进去，来到床前，很严肃地对他说："昨晚才签订的合同，你今天就不遵守了。快起来！"

儿子很不情愿地翻身下床，穿戴完毕后，我领着他来到附近的一个操场，让他绕着圈跑步，我就在一边做健身操。

跑了两圈我们就一块回家。他吃完早餐后，我同意他去附近的同学家玩。临出门时，我一再强调说10点钟回来做作业。他点头答应了，随后跑出门。

然而，到了10点钟，并不见儿子回家。我在门口不时地张望。过了半个小时，仍不见他的踪影。转眼12点钟了，儿子还是没回来。我焦急地想，这孩子，第一天就违反了"作息时间表"的规定，如果对他不加以惩罚的话，以后就难以管理了。

直到12点20分左右，他才满头大汗地跑进家门。我问他，为什么不遵守作息规定？儿子一边擦汗一边若无其事地回答，说他和同学玩打水仗的游戏，忘了时间。

我严肃地对他说："你一点节制能力都没有。今天下午取消你打羽毛球的安排，罚你背英语单词20个，或者背两首唐诗，你任选一种。"我知道，儿子最怕背东西。一听我的惩罚方式，儿子像泄了气的皮球，无精打采地说："那就背英语单词好了。"

儿子一次次严重违反作息时间，我除了采取背英语单词、背唐诗或抄写一定数量的课文等惩罚措施外，还当场亮出时间表上他的签名，提醒他做一个好孩子应该遵守纪律。

经过半个多月惩罚和引导并举，儿子无组织无纪律的"毛病"得到了一些改善。

儿子正式开学了。我按照开学后的"作息时间表"，对他进行严格的军事化管理。

开学第一天，儿子按照我设定的轨迹运行；第二天，也按部就班；第三天，勉强执行。可到了第四天，儿子散漫的习性又抬头了，他竟然省略了按时做作业这一重要环节，原因是看电视超时了，他还有充足的理由反驳我说："这么好看的电视，我只是多看了一会儿，干吗那么认真。"对于儿子的"违规"，我没有迁就，不容商量地罚做六道令他头疼的数学题。

儿子觉得正面违反作息时间容易被我发现，便开始与我玩起心计来。一天早晨，按照"作息时间表"的规定，5点30分该起床了。他竟然懒洋洋地捂在被子里。我有些火了，正要掀他的被子，他声音很微弱地对我说："妈妈，我今天头很疼，全身无力。"一听他病了，我慌了神，急忙抬手去抚摸他的额头，似乎有些热度，便马上对他说："妈妈带你去医院看病。"儿子朝我摇了摇头，说："我不去，多休息一下就会好的。"

见儿子生病了，我没有要求他起床去跑步，而且这一天里，我对他的军事化管理也有点松懈。

儿子见"装病"能懒床、能不用严格遵守作息时间，他心里窃喜。尝到"装病"甜头的他，此后的几天里，动不动就抛出这张"王牌"，而且屡屡得手！

就在儿子"装病"成瘾之际，终于有一天早晨，我发现了他玩小伎俩的秘密，新账老账一起算，狠狠地对他进行了惩罚：罚他三天不许看动画片，每天加倍地罚抄课文！

也许这次对他的惩罚力度很到位，使他产生了害怕之感，这天以后，他变得规矩起来：每天按时起床、按时上课、按时吃饭、按时看电视、按时做作业和按时睡觉。

一个星期过去了、半个月过去了、一个月过去了，无论是平时上课，还是双休日，他都按照制订的"作息时间表"执行。一天傍晚，儿子的一位男同学打电话约他出去玩，儿子马上拒绝了，说自己还有功课要做，尽管那位男同学一再"诱惑"和"纠缠"，儿子仍然立场坚定地谢绝了同学的邀请。

一个双休日的下午，儿子正在做作业，已经到了娱乐的时间了，我提醒道："儿子，该歇歇了，去玩一会儿吧。"

儿子竟然还有些依依不舍，他说："妈妈，让我做完这道题吧。"

之后的三个月里，儿子都因为遵守作息时间，而受到我的各种形式的奖励。

◆ 成效显著，"军管教子法"助儿子考上清华大学

儿子读初三了。一天下午，他放学回家，对我说今天晚上学校开毕业班家长会，老师叫爸爸妈妈去参加。

吃过晚饭后，我坐公交车前往儿子所在学校的初三（6班）。在家长会上，班主任让家长们帮助自己的孩子填报高中志愿。

儿子是填报重点中学？还是普通中学？或者职业中学？这将决定他今后学业的走向。我综合了儿子近一年来各门功课的成绩，客观地进行了分析：虽然儿子的综合成绩在班里一直位居前10名，按说第一志愿填报重点中学应该没问题，问题就在于，儿子进重点中学后，他的成绩在高中的班级里只能是中等水平，不具有竞争性。如果他始终处于劣势的状态，势必会滋生他的自卑情绪，长期下去，对他今后的学习成绩肯定会产生影响。假如他进普通中学，他目前的综合成绩有可能在班级里遥遥领先，这样的话，就能激发他的学习热情。有了这种热情，他会努力地做得更好。

这么一分析，我当即为儿子做出了决定：第一志愿、第二志愿都填报普通中学。

儿子进入一所普通中学就读高中。开学的第一天，我仍然没忘记搬出"作息时间表"来让儿子执行。

欣喜的是，此时的田笑锋，不需要我那套奖罚分明去约束他了，他能够自

觉而习惯性地按照有所改动的"作息时间表"去做，早晨几点起床、几点去上课、几点看电视、几点做作业和几点上床睡觉，他驾轻就熟地贯彻执行。

一个双休日的傍晚，田笑锋外出与同学打乒乓球，回来时，已超过了一个小时20分钟，我没有责备他，可他却自责自己缺乏控制能力。当晚，他主动地用加背英语单词来惩罚自己。

春节，婆婆和公公来我家过年。大年初一这天，我同意放田笑锋三天假，可以不按"作息时间"自由活动。可是田笑锋却已经习惯了正常的"作息时间"，陪爷爷奶奶逛了一趟街回来后，他又自觉地钻进房间做作业。

一直以来，由于我对田笑锋"作息时间"的军事化管理，他的身体比过去结实了，由78千克减至为69千克的标准体重；学习成绩在班里数一数二。

田笑锋参加高考了。临考这天一大早，我与田笑锋几乎是同时起床的，我忙着做早餐，而田笑锋却忙着准备考试的文具。吃过早饭后，我培田笑锋去考场。

半个小时后，我们来到了人山人海的高考设点学校大门口。送田笑锋进校门的一瞬间，我用鼓励的目光望着他说："我相信你能发挥出平时的成绩，去吧！"田笑锋带着我的激励，表情轻松地踏进了考试的校大门。

三个小时的数学考试结束了，当田笑锋随拥挤的考生走出校门时，我发现他脸上的表情很是自信。来到我的身边，田笑锋的第一句话是："妈妈，我今天发挥一切正常！"听了这话，我拉住田笑锋的手，很温情地摸了摸，说："好样的，妈妈就知道会这样。"

接下来的几场考试，田笑锋都发挥不错，每次从考场出来，他还有些稚气的圆脸上都会显出阳光的神情。

一天，田笑锋兴高采烈地奔进家门，他声音高叫着："妈妈，我被北京的清华大学录取了！"

接过田笑锋递过来的录取通知书，我兴奋的双手抖动着，看着上面的白纸黑字，我的眼睛挂满了泪花，要知道，这可是六年来我对儿子严厉教育的肯定啊!

五一节晚上,田笑锋从清华大学给我打来电话,他告诉我,他到大学后,也制订了两张新的作息时间表,请我放心,他一定会像军人一样自觉去遵守的。

听了儿子的话,我马上鼓励他说:"妈妈相信你在大学里,会做得更好,会取得更大的成绩!"

父母借鉴 //

文中的母亲是中学教师,因她和丈夫事业繁忙的缘故,儿子从小就寄养在婆婆家里,她深知隔代教育的害处,祖辈的溺爱、纵容极容易培养出娇气、自私和霸道的孩子。当婆婆把儿子交还给她教养时,她采取了严格的军事化管理,最终把娇气的儿子培养成为一名名牌大学的学生。她的家教故事值得我们效仿。

第七章
"放手计"：母亲让儿子当"周末家长"

口述：秦羽飞，某广告公司策划

◆ 学习国外"狮子育儿法"，我让儿子尝试当"周末家长"

我是在父母的呵护下长大的，父母对我过分宠爱所带来的最终后果是：我成人后，在工作和家庭生活中，处处遭遇到尴尬的境地……

我想，过去已是不可更改的事实。现在，只有把自己对"溺爱家教"的教训放在我下一代的培养上。

在我的儿子强强出生后，从幼儿园到小学五年级，我着重对他进行了独立能力的培养，比如，他会煮面条、会洗内衣内裤和袜子、会整理床铺，还会处理一些简单的人际关系。

时光如梭，儿子读小学六年级了。从表象上看，他的独立能力，显然比同龄人略强一些。当然，要想把他真正培养成"独具人格"的孩子，除了言传身教外，还必须与时俱进地掌握当今家教方面的新观念，以便更好地引导孩子走健康的道路。

一天晚上，我在网上与一位朋友交流育儿的心得体会，这位朋友向我讲述了一件她亲历的事：前不久，她随所在的集团公司到国外考察一个投资项目。在国外期间，她陪同公司的董事长去一位当地朋友的家里拜访，当他们与这位国外朋友谈笑间，国外朋友那不满4岁的儿子从复式楼上下来，一脚踩空，从楼梯上滚了下来。她本能地起身要去扶起孩子，却被孩子父母有礼貌地制止了。更让她不可理解的是，站在孩子旁边的保姆也无动于衷，好像没有看见一样，仍然在做自己的事情。看到她不解的神情，国外朋友向她解释说，这就是正在流行的"狮子育儿法"。所谓"狮子育儿法"，指像森林里的狮子一样去教育、养育孩子。狮子是"森林之王"，尽管如此，在激烈的生存竞争中，它们仍然不敢掉以轻心。刚出生不久的幼狮经常被公狮推下石崖，再让小狮子自己寻找出路，自己想办法爬上来。而公狮和母狮只是站在一旁，保持一种相对安全的距离，只要幼狮没有生命危险，决不伸出援助之手。

听了朋友讲述国外的"狮子育儿法"，我与她有着同样的感受：国外的"狮子育儿法"，就是"让孩子面对现实，从逆境中找出解决办法"的一种教育态度。

这晚与朋友交流"狮子育儿法"后，我决定，准备学习这种前卫的教育方式，实验对象就是儿子。

经过计划，实验第一步是让儿子当"周末家长"。所谓"周末家长"，就是把每周双休日时，我们三口之家的"吃喝拉撒"全交给儿子来管理。让儿子做这种"周末家长"，不仅能锻炼他的独立能力、应变能力，还能培养他的责任心和"人情味"，是一种综合能力的训练。

第二天，我跟儿子确认了"周末家长"的事宜，他在接受"周末家长"这一光荣任务时，问我："妈妈，当'周末家长'，是不是这两天，我想怎么安排就怎么安排？就像你们的权力一样大？"我说："也可以这么说吧。"儿子高兴地蹦跳起来："太好啦！"

第一个双休日来临，这天一大早，我把一册自制的账本和两天的伙食费

200元交给儿子，并告诉他，这两天的收支情况要记录在案。儿子接过钱后，嫌钱太少了。我却告诉他，以前我们家，周末的伙食费就是这么多。他便无话可说了。

随后，我问儿子早餐吃什么，儿子装出思考的样子，忽然对我和丈夫说："爸爸妈妈，今天我请客，领你们到麦当劳去吃肯德鸡好吗？"丈夫马上站出来说："不许乱花钱！"儿子说道："你们不是说，今天我是家长吗？那我想吃什么就吃什么。爸爸无权干涉！"丈夫见儿子很"理直气壮"的样子，无奈地看着我。我说："不错，今天儿子是家长，我们应该听他安排。"儿子得到我的支持后，对丈夫说："爸爸，听到妈妈的话了吗？"

我们三口之家，在儿子的带领下，走进一家"洋味十足"的麦当劳店，儿子像小老板似地招待我们又吃炸鸡腿又吃汉堡包。一顿早餐下来，就花费了69元。

走出麦当劳，儿子又突发奇想地说："爸爸妈妈，我请你们到游乐场去溜旱冰吧，可好玩了。"

丈夫马上问道："你那来的钱请我们玩？"

儿子从口袋里掏出剩下的伙食费，毫无顾忌地说："我还有这么多钱呢。"

丈夫即刻提醒道："这可是我们两天的伙食费呀。"

儿子根本不把丈夫的话放在心上，乐观地说："爸爸，你知道'车到山前必有路'这句话吗？放心吧，我会安排的。"说着，他显出一副胸有成竹的大男人表情。

我再次表态了："是啊，我们要相信'周末家长'，他会安排好的。"

溜旱冰消费，儿子共花去42元，他身上只剩89元了。

中餐怎么吃？我问儿子。他不假思索地指着前面一家大的快餐店说："咱们进去吃一顿吧。"

说完，他领着我俩大摇大摆地进了快餐店，要了3份15元一客的快餐。丈夫叫了起来："吃这么贵的！"儿子很大气地说："不贵！还有44元呢。"

中餐吃饱喝足了，可是晚餐怎么解决？

儿子似乎也感觉到了经济危机的问题，当傍晚迫近，他声音不似先前那么"雄壮"地对我说："妈妈，今天晚上，我们吃方便面吧？"我看看丈夫，丈夫也看看我，我俩意见一致地点头。

儿子很快从我们家附近的杂货店买回了3桶方便面。这一顿方便面，又吃掉了儿子手中的24元钱，他身上就剩下可怜的20元钱了。明天怎么消费"一日三餐"？丈夫不由得为儿子捏一把汗，而我却冷静地拭目以待。

第二天，儿子看着手上的20元钱，对我说："妈妈，你能不能再给我一些钱？"

我明确地告诉他："妈妈事前告诉过你，200元是两天的伙食费，怎么花费、怎么安排，权力交给了你。妈妈不可能违背原则，再追加钱给你。今天，20元怎么消费，爸爸妈妈仍然听你安排。妈妈相信你能处理好的！"我用信任的目光望着儿子。

在得不到我"追加资金"的现实后，儿子不得不开动起脑筋来，他拿着仅有的20元钱买了面条，并且亲自动手，早中晚三餐，让我们全家人都是吃面条，直吃得一家人都反胃想呕吐。

第一个周末，儿子做"周末家长"显然是不成功的，对此，我也没有更多地对他作褒贬评价，我想让他自己去感悟得失。

第二个双休日很快来临，儿子又精神抖擞地行使起"周末家长"的权力。这次，他接受了上次"吃了上顿没下顿"的教训，自我筹划起200元钱的伙食费来。双休日第一天，一大早，他就用"家长"的口气对我说："妈妈，你'陪'我去菜市场，今天咱们在家里开火。"

"周末家长"发了话，我自然得遵守。我"陪"着儿子走进熙熙攘攘的菜市场，此时，儿子拉着我的手穿行在肉禽制品摊位前，他向我征求说："今天我们吃两个荤菜两个蔬菜一个汤，可以吗？"我马上回答："你是家长，你说了算。"儿子高兴地要了1千克排骨、1千克卤鸡爪子，来到蔬菜摊位，他又称了1千克茄子和一些生菜，还在汤料摊位前买了鱼丸、通心粉做汤。这次大采购，儿子共花去94元。

回到家里，儿子协助我把它们做成美味佳肴。这样一来，中晚两餐，我们三口之家，在"周末家长"的精心策划下，有滋有味地吃上了可口的菜。丈夫对儿子今天的表现给予了赞赏！得到表扬的儿子有史以来第一回谦虚地说："我做得还不够好，下回，我会让你们更满意的！"

双休日的第二天，儿子又如法炮制，命令我'陪'他去菜市场采购，一算账，89元。这天的中晚餐，同样让我们三口之家吃得很开心。

第二个双休日，到"周末家长"账目总结算时，加上两天的早餐，正好200元。

儿子尝到了少花钱也能让三口之家"吃得开心"的甜头后，随后的几个双休日里，更加注重200元钱的合理使用。

◆ 儿子"独具人格"，我为他的健康成长击掌

由于儿子自己做过"周末家长"，亲身体会到了"柴米油盐"的不易，在平常的日子里，再也不像过去那样消费大手大脚。

一次，到国贸大厦去给儿子买春秋衫，我一眼看中了一件标着680元价格的天蓝色条纹春秋衫。就在我准备付款买下时，儿子却阻止我说："妈妈，这件衣服太贵了，我带你去城南服装批发市场买便宜的。"说着，他拉着我的手走出国贸大厦，来到了城南服装批发市场，走到一个摊位前，儿子让摊主拿下一件挂着的春秋衫，一问价格，打6折后才89元。儿子穿在身上试了试，对我说："妈妈，我就买这一件。"

儿子慢慢养成了"勤俭持家"的自觉性，有一天，我见他买来一个搪瓷的储蓄罐，把每月我给的零花钱都塞进去。从这天开始，儿子每次需要消费时，

从储蓄罐内拿钱后，都要在一个记账本上进行支出登记。我翻看过儿子的记账本，那上面购买的物品，每一件都是合情合理的消费，而且大都选择一些价廉物美的物品。这种情况，要在做"周末家长"之前，几乎是不可能的。

通过"周末家长"的实践，儿子还懂得了换位思考，有时候，我和丈夫工作忙，每天的饭只能简单地应付，从小吃惯了"美味佳肴"的儿子，要在过去，嘴巴肯定会翘得老高；而现在，他理解了我们的难处，甚至在我们加班加点工作时，自己动手解决吃喝问题。

暑假期间，已读初中一年级的儿子参加了学校组织的野外生存训练活动，老师告知，在此次野外生存训练活动中，还要举行一次野炊厨艺大比拼。

临行前，儿子把自己这次出行所需的物品都备齐了。

半个月后，儿子回来了，整个人黑了一圈，可他脸上却露出了健康的笑容。儿子跟我们描述："这次沿着红军走过的路线跋山涉水，收获很大！"接着，儿子还说，他在登山时，一位同学的脚崴了，他主动背同学上山；在山上搭帐篷时，全队就数他搭得最快，而且还帮助了一位动作迟缓的队友；老师组织他们进行野炊厨艺大比拼，由于他煮的野菜面条、韭黄炒蛋和辣椒煎鱼干一致公认可口，获得厨艺比赛第一名。

儿子还告诉我，在一所山区小学，他用自己的50元零花钱向一名家境贫困的小学生捐了款……

由于儿子在这次野外生存训练活动中表现突出，被学校评为"课外活动优秀学生"，得到了特别嘉奖。

点滴之中，也体现在观念的改变、生活习惯的改变中。

父母借鉴 //

文中的母亲引进国外的"狮子育儿法"，放手让儿子做"周末家长"。

她这样做，对培养儿子的独具人格和良好习惯很有利。作为一个具备现代意识的母亲，她希望把儿子培养成懂得人生价值，更具独立性，也更潇洒的人。

第八章
"兴趣转移计"：母亲引导儿子走出"成人游戏"

口述：洪露，某社区干部

◆ 儿子热衷于玩"成人游戏"

我喜看影视剧，尤其对情爱剧情有独钟。单身时是这样，结婚后也是如此。即便是坐月子期间，我仍然一边给刚出生的儿子喂奶，一边欣赏着卿卿我我的缠绵剧集。可以毫不夸张地说，我的儿子凯凯是看着情爱剧长大的。

由于儿子从小就受到情爱剧的耳濡目染，他很小的时候就表现出"多情"的倾向。儿子6岁时，有一天，在我们社区单位宿舍大院里玩，三个男孩和一个女孩在玩影视剧里常出现的"大侠救美人"的游戏。一个男孩提议让儿子扮演歹徒，可儿子说什么也不干，非要扮演"大侠"来救那位可怜的"美女"。游戏开始了，只见扮演"一对情人"的小男孩与小女孩挽着胳膊往前走。这时，扮演歹徒的另一个男孩鼓着脸，手拿着一把假"匕首"突然出现在他俩的面前，凶狠地说："快把钱交出来！不然的话，我就不客气了！"小女孩见状惊叫起来，而一旁的"男朋友"也吓得说不出话来，立刻从口袋里掏出钱来（一张充当"钱"道具的小画片）交给"歹徒"。小女孩气愤地骂"男朋友"说："你这个胆小鬼！""歹徒"又逼向小女孩："你也把钱交出来！"小女孩嘴很硬："我没有钱，要命有一条！""歹徒"一步跨到她的身边，晃了晃匕首说："再不交，我就动手了！"正在这"千钧一发"之际，猛然听见一声大喝："住手！"扮演"大侠"的儿子出现了，旋即与"歹徒"对打起来。最后，"大侠"制服了"歹徒"。接下来的游戏是"美女嫁大侠"，在两位"吹鼓手"的前呼后拥下，扮演"大侠"的儿子拥着"新娘"朝"洞房"走去……

孩子们玩得这么投入，我们几个家长站在边上充当"观众"，但没想到的是，进"洞房"后，儿子竟真的抱着那位小女孩亲吻起来，小女孩吓得直躲，可儿子就是不放手，嘴巴硬往上凑。我连忙跑过去扯开他们，可儿子却不高兴地大嚷起来："人家在玩游戏，不准大人破坏。"我哭笑不得，也不便详细解释，硬是把他拉回了家。

几天后的一个双休日，我带儿子去一位同事家串门，同事有个女儿叫琪琪。儿子一到同事家，毫不认生地与琪琪玩在一块，他拉着琪琪的手这个房间跑跑那个房间蹦蹦，琪琪还把自己的玩具拿出来与儿子共享。一见这两个小孩那么亲密，同事笑着说："你的儿子挺招人喜欢的！"接着，我俩唠起家常来。儿子却与琪琪跑出房间"疯玩"去了。大约20分钟后，琪琪流着眼泪跑了进来，她边伤心流泪边向我告状说："阿姨，凯凯欺负我！"一听这话，我当即问道："琪琪，凯凯怎么欺负你啦？快告诉阿姨，我一定给你出气！"琪琪马上说道："他叫我老婆，还摸我屁股。他还说将来要娶我做新娘子。"啊？怎么能这样？我一下子紧张起来。一旁的同事听后却笑得前仰后合："我还以为出了什么大不了的事！琪琪，凯凯哥哥是跟你闹着玩的！"我忙拉过琪琪，一面用餐巾纸给她抹眼泪，一面安慰她说："是的，凯凯哥哥很喜欢开玩笑的，你别当真！"这时，万万没想到，儿子走进来，表情很严肃地说："不！我不是说着玩的！我将来一定要娶琪琪做老婆！"他说这话时，语气很坚定。我和同事愣了一下，之后相视笑笑，同事扮着鬼脸开玩笑说："想不到，你儿子还真是个情种啊！"

◆ 儿子惹出"绯闻"

儿子上到了小学二年级，交际空间显然比过去更大了。傍晚，我下班后赶到学校接他。当我走进学校大门时，看见儿子正在与两个小女孩跳皮筋。我来到儿子身边，问他："跳皮筋是女孩子玩的游戏，你怎么不和那边的男孩子踢足球？"谁知，儿子的回答却令我吃惊："和男孩子在一块玩，真没劲！和女孩子玩才有意思呢！"我又问他："你怎么会有这种想法？"儿子振振有词地说："影视剧里面的大哥哥不都喜欢和女孩子玩吗？！"儿子的回答让我无言以对。

一天，我因工作下班晚了一些，赶到学校时，教室里已经没有了儿子的身影。我问传达室的人，他们说："20分钟前，有一男一女两个小同学在门口等大人来接。"我问了那男孩子的特征，正是儿子的体貌。我猜想儿子是自己回家了，便赶紧往家里赶，可到家一看，丈夫说儿子没有回来过。这可急坏了我和丈夫，儿子到底上哪儿去了？我俩立刻沿着附近的大街小巷去寻找。好半天，在一家肯德基里找到了儿子，原来儿子与那位小女孩在这儿吃汉堡包。气得我当即问儿子："你为什么不告诉妈妈就跑出来？你可把爸爸妈妈给急死了！"不想，儿子口气平淡地说："我现在已经长大了，难道我用压岁钱请女朋友出来吃汉堡包也要告诉你们吗？影视剧里的大哥哥与女朋友在一块喝饮料，从来也不告诉爸爸妈妈的呀。"儿子的话简直就是理直气壮，我语塞了！

此后的一段时间里，我发现儿子特别注重自己的衣着打扮，每次上学之前，都要自己梳理头发和擦亮小皮鞋。我问他怎么这样讲究，儿子毫不掩饰地说："我想给女同学留下好印象！"

儿子学会"泡妞"了，我对丈夫说，他不以为然地笑笑："小孩子玩过家家嘛，没什么大不了的！"丈夫的话有道理，儿子也只是模仿影视剧里面的恋爱青年"玩玩"而已，做大人的根本不要把他们的一点点"出格"行为往心里去——我这么想着，也就忽视了对儿子不同寻常言行的关注。

一个月后的一天晚上，儿子向我要钱。我问他要钱去干啥，儿子说同学音音明天过生日，他想买一盒巧克力送给她。第二天，儿子除了拿钱到超市去买巧克力，还到鲜花店选了一支玫瑰花送给音音作为生日礼物。

儿子与女同学音音来往密切，这在我看来，属于孩子们正常的交往，我根本不会往"歪"处想。然而，不久后的一天傍晚，我下班后正赶往儿子读书的小学，可就在我走到离校园还有一段距离时，远远地看见一群路人聚在一块瞧着什么热闹。我走近一看，不由得大吃一惊！原来众人在围观我那宝贝儿子搂着音音的小腰边走边吃着雪糕，俨然一对年青的恋人闲逛马路。儿子对周围人的反应根本不放在眼里，脸上的表情显出很自得。周围的路人新奇地评价道："现在的小孩不得了，这么小小的年纪就像大人似的搂搂抱抱。""我看，准是孩子的父母没有管教好！不然，孩子不会这样早就懂得情情爱爱的事！"一旁的我听了路人的评头论足，脸一阵阵发烧，即刻拨开人群，冲到儿子的面前，一把拉过儿子，第一次表情严肃地训斥他："谁叫你在这儿给我丢人现眼的？！"儿子仰着脖子申辩道："我和音音是在学影视剧里的新新人类玩'帅呆'。"我哭笑不得地说："你什么不好学，为啥非要学这些玩意儿？"儿子像念广告词似的回答："我喜欢，我选择。"周围的看客轰笑了起来。

儿子的言行越来越"出格"了，这使我感到很忧虑。就在我为儿子的言行忧心忡忡之际，从学校里传出了儿子的"绯闻"，说是儿子在"追求"音音，他俩的关系不一般。老师向我反映了学生中的传闻，告诉我，有同学亲眼看见儿子抱着音音在学校的操场边亲吻；还有同学说儿子出口叫音音"我亲爱的老婆"……对于老师说的情况，我感到很震惊！没想到，儿子在班里成了"桃色新闻"的焦点人物。直到这时，我才感到问题已经非常严重了！老师接着分析说："你的儿子喜欢玩'成人游戏'，也许是受到生活环境的影响。他从各种媒体接触到大量成人的话题，因而似懂非懂地接受了这些内容。其实，他并不理解大人的世界，他拥有奇怪、复杂甚至是过分成人化的想法，这并不代表他提早拥有了成人的性意识，他的行为及语言只不过是对大人的一种模仿，属于朦胧的成人意识。"老师的话显然很有道理，我很清楚，造成儿子今天这样的心理状态和言行举止，与我从小让他接受情爱剧中大量的"成人信息"有直接关系，一句话：儿子已经中了"成人世界"的毒！

◆ 引导儿子"三部曲"

面对儿子玩"成人游戏"入迷的现实，作为家长的我感到自己肩上的责任。我去请教过一位做心理医生的朋友，她听了儿子的经历后，对我说："我们做大人的，对孩子的成人意识不应加以强化和肯定，也不能对孩子进行斥责和阻止，过分压抑可能使孩子认为性是罪恶，并由此产生挫折感和自卑感，从而干扰他们今后建立爱情和亲密关系的能力。做家长的可以找出孩子感兴趣的内容或话题，把他们的注意力吸引或转移到其他内容上来，让孩子在自然的过程中慢慢转变，并使他的想法逐渐接近我们成人。"心理医生朋友的一番带有指导意义的诚恳话语，让我茅塞顿开！我决定按照她的建议对儿子采取三个步骤引导。

儿子喜欢看情爱剧，我打算首先采取"因势利导"的方法来帮助儿子走出对情爱剧效仿的误区。从表面上看，我仍像往常一样与儿子共同观赏情爱剧，所不同的是，现在我观看每一部影视剧之前，首先把剧情介绍过目一遍，审查剧情是否有"过分"的内容，同时也要了解这部剧的意义何在，它对儿子会产生怎样的效果。在掌握了"第一手资料"后，我才选择与儿子共同观赏这部影视剧。

有一回，我从广播电视报的剧情介绍版面上知道即将播放一部反映中学校园"早恋"题材的影视剧，这是一部悲剧结局的青春影视剧，具有极大的警世意义。为此，我选择了观看这部关于少男少女的影视剧。我有意识地让儿子坐在身边一道观看。儿子看着看着，对里面一位中学男生拥抱女生的镜头很感兴趣，他很天真地对我说："妈妈，你看那位大哥哥抱着大姐姐想亲她。"我马上抓住时机告诉儿子说："大哥哥这样做是不对的！"儿子睁大眼睛不解地问道："为什么不对？"我又告诉他："因为大哥哥现在年龄还小，他的主要精力应该放在学习上。"儿子反驳："可是大哥哥很喜欢那位大姐姐，这会错吗？"我接过儿子的话头："大哥哥喜欢大姐姐没有错！不过，他可以通过其他的方式来表达对女同学的喜欢，比如帮助成绩不好的女同学学习功课、参加学校的劳动时帮助身体不舒服的女同学……"儿子听了我这样的解说，像位小大人似的点了点头："这倒也是！"随着这部影视剧剧情的发展，那位"早恋"的中学男生由于沉浸在"爱河"中难以自拔，最终导致了学习成绩直线下降，周围的同学和老师对他冷眼相看，家长采取暴力手段教训他，这位原先很优秀的中学男生几乎到了精神崩溃的边缘。对于这样"悲惨"的结局，在一旁观看影视剧的儿子也发出了叹息声："大哥哥太可惜了！"我再一次抓住时机引导儿子："你知道大哥哥为什么会这么惨吗？"儿子摇了摇头。我接着说："是因为他过早地恋爱，没有把精力放在学习上，所以他才会有今天这样的结果。你想学大哥哥吗？"儿子当即把头摇得像拨浪鼓似的说："我才不学他呢！"一听儿子如此明辨是非的口吻，我感到自己对他的引导取得了初步的成果。

在"因势利导"的方法取得一定成效后，我随后使用了第二步"兴趣转移法"。我仍然利用儿子喜欢看电视这一特点，在节目的选择上大做文章。每天吃过晚饭后，我与儿子并排坐在沙发上观看电视，当然，此时我所选择的节目是以儿子为中心，不是中央台的《东方儿童》《动画城》《大风车》《少儿剧苑》或者《七巧板》，就是地方台的《娱乐乐翻天》《快乐大本营》《娱乐无极限》《阳光快车道》，以及《游戏玩家》和《智慧娱乐园》等经典节目。我一面与儿子观看节目，一面和他一道按照电视上的要求做各种游戏。比如猜谜语游戏、数字游戏、记忆力游戏、趣味拼图游戏、做剪纸游戏等。就拿玩益智类游戏来说，我找出一些词类让儿子开动脑筋独立解答，诸如"小羊回家"，我叫儿子找同义词；"贪吃蛇"，说出同音不同义的字；"胜者为王"，用数字四则运算；"神秘的冒险"，做两位数的乘法。再拿拼图来说，我让儿子在拼图画片里任意挑选两张图片，进行交换游戏，完成样本图形。经过一段时间对儿子进行"娱乐益智"的兴趣培养，渐渐地转移了他对"成人游戏"的注意力。

引导儿子的第三步是"行动陪练法"，这一步是与"娱乐益智"游戏同时进行的。在"行动陪练法"里，我主要采取与儿子一道玩运动类、技巧类和射击类游戏的方法。我带儿子到杭州的"未来世界"去玩迷宫、射气球、赛车、滑板；又领儿子到公园的空旷地去放风筝；还陪儿子上体育场去踢足球、玩"跳楼梯"和"踩地雷"游戏等。在"行动陪练法"中，我必须身体力行地和儿子"玩成一片"。这样一来，我这个过去不爱运动的女人不知不觉中竟成了一名"体育爱好者"。

如今，儿子在学校里不仅学习成绩在班上名列前茅，还在几个体育比赛项目上获得了较好奖项。此后，再也没有传出儿子的一点"绯闻"。

父母借鉴 ///

面对当今社会越来越多的"成人信息"骚扰，性意识处于初始萌芽状态的孩子，如不好好地加以引导，就很容易效仿成人的做法，久而久之，其后果是不堪设想的。文中的母亲有意识地对儿子进行了健康"三部曲"的引导，使儿子真正认识到了"成人游戏"是"成人的专利"，少年儿童不宜玩这样的游戏！他们可以选择其他更多适合于自己年龄段的游戏来玩。她的这个"三部曲"值得推广。

中卷

如果爱我，就"教教我"

第一章
"树上开花计"：母亲用欣赏教育让女儿快乐并优秀

口述：唐小羽，某银行储蓄所会计

◆ 求全责备，女儿学习成绩直线下降

我是某银行储蓄所的会计，是个追求完美的女人，即便是在对女儿的教育问题上，也毫不迁就。自女儿上小学开始，她每门功课成绩的好坏成为我关注的焦点，无论是数学、语文，还是副课的美术和音乐，都会骨头里挑刺地一一求得完美。

有一次，读小学二年级的女儿数学期中考试得了96分，我硬是把女儿骂了整整两天两夜，她像泄了气的皮球，耷拉着脑袋。

女儿读小学三年级时，情绪低落地走进家门，我便问道："今天考试成绩单拿回来了吗？"

女儿很不情愿地从书包里掏出一张纸条递给我。我接过来扫了一眼，顿时心火上升。我点着她的脑门毫不留情地说："你真是个猪脑！语文竟然考出82分，你看人家隔壁的园园，每门功课都在90分以上，多争气！多给父母长脸！"

就在我机关枪般扫射的当口，女儿始终不回一句嘴，而是低着头看着地面，一副可怜的模样。

转眼，女儿读小学五年级了。期中考试，除了英语成绩过了90分外，其他四门功课全没有超越80分。我自然是一通连珠炮对着女儿发射。

更可气的是，她的班主任打来电话，向我通报了女儿近来学习成绩大退步及上课走神的情况。

本来我就满肚子气，听完班主任的话更加恼怒，又控制不住自己地大骂起来："你这个不争气的丫头片子，整天胡思乱想，再不好好学习，将来，你去做乞丐好了！"

女儿被我骂得嘤嘤哭泣……

◆ 树立女儿的自信心，我学"大拇指教育"

一番语言暴力轰炸后，我被女儿的哭泣声弄得心烦意乱，索性把她关在家中，自己去找好友小钟诉苦。

小钟在教育部门工作，在教育孩子方面，她可是专家。听我数落了女儿的几大罪状之后，小钟笑了笑，"你呀，过度紧张。望女成凤望过了头吧！动不动就是指责，像你这么教孩子，孩子不被你逼反了才怪呢！"

"我怎么了？我还不是为她好啊！要我说，是现在的孩子太难教！"我挺委屈的。小钟神秘兮兮地拉着我，"这样吧，跟我去一个地方。"

小钟带我来到一栋花园住宅楼，敲开了门。

刚走进客厅，一个乖巧的女孩笑容可掬地迎上来，"两位阿姨好！"

小钟介绍说："这是鲁倩的女儿敏敏。"

见来了客人，敏敏落落大方地端来茶水，"阿姨，请喝茶。"

"读几年级了？"

"读五年级。"

我接着问："学习成绩还好吗？"

没等敏敏开口，鲁倩抢先回答道："她每门功课都挺好的！在班上可以排到前20名呢。"

我吃惊地望着面前这位笑盈盈的母亲，半天说不出话来。

难以置信，仅仅排在班级前20名的成绩，竟然会让她用如此自豪的语气告诉我们。

大家闲聊了一阵，敏敏蹦蹦跳跳地走开了。不一会儿，从她的房间里传出了悦耳的歌声……

鲁倩瞟了一眼孩子的房间，说："我这闺女，挺能的。唱歌、写作文、画画，她样样都能使两下子。"那份满足的笑容里，写满了母亲的幸福感。

突然间，我似乎理解了小钟的用意。是啊，我的女儿也很爱唱歌、画画的，可我怎么就从来没留意过、从来没夸奖过她呢？

回家的路上，小钟对我说："看到了吧，鲁倩所采用的是'大拇指教育'。所谓'大拇指教育'是采用夸奖和表扬的欣赏教育方式，这种方式不仅有益于孩子的健康成长，还能起到显著的教育效果。据鲁倩说，刚上小学时，敏敏的学习成绩一度排在班上的倒数第三第四，她能有今天这样的成绩，完全要归功于鲁倩的时时鼓励。每次敏敏拿回成绩单时，她一定会说：'你的努力，妈妈都能看到。相信下次你能考得更好！'你想想，孩子有了母亲这样的信任和宽容，还能不上进吗？"

我脑子里浮现出曾经的一幕一幕：自女儿上小学开始，她的功课便成了我关注的焦点，作业一定要工工整整、听写默写必须保持全优、粗心大意必须杜绝……用老公的话说，我的要求之严，可以用鸡蛋里挑骨头来形容。可就是这样，女儿的成绩却越来越糟糕，逢考必有状况。记得女儿读一年级时，数学期中考试因为粗心错了一题，得了99分，我硬是骂了她一个星期。女儿好长时间都提不起精神来。

女儿二年级时的一次语文小测验考了88分，我就连珠炮似的对着她开火:"你真是个猪脑!你看人家×××,每门功课都是第一,多争气!"整个晚上,女儿始终没有说一句话……

哎,现在想想,女儿其实挺乖,自己用那么尖刻的语言教训她,真有点"地主老财"的意思。

"你的心情我能理解。不过你的教育方式得彻底改改啦。"小钟打断了我的沉思,"埋怨、指责,只能给孩子带来负面情绪,损害她原有的自尊心,使她缺乏自信,从而产生自卑心理。你看你家孩子,被你弄得精神紧张,一考试就出些莫名其妙的错,你还每次都骂得她抬不起头来,连话都不敢说一句。你知不知道,这样下去,孩子很可能会患上自闭症的。"

"啊,那么严重?"我一琢磨,女儿似乎真的比过去沉默了些。

"是啊,教育部门的调查显示:在我国城镇的少儿学生中,有57.8%的人不同程度地患有自闭症。这是一种很可怕的心理疾患,如患者的心理不能得到及时地疏导和缓解,发展下去,会产生孤独、焦虑、恐慌和精神失常,由此而引发抑郁症的发生,严重者会有自杀倾向,后果很可怕的!"

一连几天,鲁倩母女脸上的幸福表情始终让我念念不忘。是啊,小钟说的没错,我的"指责式教育"应该彻底改变了。

那天早晨,女儿正要出门,我突然拉住她,亲手把书包挎到了她的背上。女儿望着我的眼神很奇怪。我知道,我这个严厉的老妈在女儿的眼里可能从没如此体贴过。

晚饭后,照例是我辅导女儿功课的时间。她习惯性地把白天所做的数学练习拿给我看。我看了一眼她的练习簿,果然,又被我逮到几处错误——哎,她怎么就是改不掉马虎大意的毛病呢!无名之火立刻腾起,正要发作——不对,我不是决定改变教育方法了吗?我抑制住情绪,用尽量平缓的语气指出了几处错误,然后说:"妈妈相信你能把这几道题做好的。"

听了我的话,低着头准备挨训的女儿猛地抬起头,很是意外。半个小时后,女儿重新做完了练习题。这次,全对。我很高兴,"不错!就说我的乖女儿能行的！"女儿的脸上也露出了微笑。

初次尝试的成功，让我有种小小的成就感。没几天，我检查女儿的作文练习时，发现文章中有一段句子十分智慧、流畅，就立即夸奖道："这段话太棒了！很富有哲理性。"女儿很开心，又拿出美术练习本告诉我："妈妈，今天我画画还得了优呢！""真的？"我拿过本子一看，画里是一只鹦鹉，色彩斑斓，惟妙惟肖，画得还真不错。"闺女真有两下子。画得很好哦！"我看着女儿一副很兴奋、很满足的样子。对了，就是这个表情，那个让我念念不忘的表情，我第一次在女儿的脸上看见。我告诉自己：不管怎样，今后我要让女儿常常有这样的表情。

在我的鼓励下，女儿开始在各个方面努力：参加学校的朗诵比赛、乒乓球比赛，还参与了班级小干部竞选。

而我们娘儿俩也乐在其中：

朗诵比赛，女儿得了个安慰奖，我们一起乐；

年级的乒乓球比赛，女儿做了候补，我们一起乐；

班级竞选，女儿当选"劳动小组长"，我们一起乐……

女儿又变回小时候那个爱笑爱闹的女孩了。

五年级的期末考试来临了。在送女儿去学校的路上，我故作轻松地告诉她："不要太紧张，只要把自己平时的成绩发挥出来就可以了。"

女儿点点头，"妈，你放心吧。"看着女儿走进校门的背影，我的心里不免有些紧张，说实话，面对考试，谁真的能那么轻松呢？女儿真的能克服心理压力么？

女儿的考试成绩很快出来了。她并没有一鸣惊人地拔尖，成绩也不十分优秀，可是比上次考试有了明显的进步。

家长会后，一切风平浪静。

老公小心地试探我："你付出那么多，这个结果是不是出乎你的意料，让你有白费心思的感觉？"

我大声笑了起来，说："正相反，我很开心。这个成绩已经让我很满意，因为女儿已经有了很大的进步，而且因为马虎出的错也少了许多。她学会了用平常心面对考试，变得开心、有自信了，这才是真正的收获。结果并不是最重要的，快乐地成长才最重要。"

父母借鉴 //

严厉的父母们往往把孩子的成绩放在第一位，处处苛求完美。可是却没留意到，孩子的脸上少了许多笑容。其实，健康乐观的心态和全面发展的个性，对小学阶段的孩子来说更加重要。如果你的方法对了，孩子的分数和笑容都不会少。文中的事例说明了这一点。

第二章
"声东击西计"：父亲拯救"网恋"女儿

口述：付拓凯，某档案馆管理员

◆ 发现女儿"网恋迹象"

一个双休日，读初二的女儿付小青刚吃过早饭，便坐到了电脑前，她很快就上了网，进入QQ聊天室。不一会儿，女儿就和网上的人对起话来。

我静静地走到她的背后，看着屏幕打出的一行字："文超人"，你说想见我一面，我认为现在没有必要！因为我学习很紧张，我想你也是。等放了假再说吧。

看了女儿这话，我问道："这个'文超人'是谁呀？"

女儿发现我站在她的背后，有些慌神地掩饰道："她是我的一个同学。"

我追问一句："是男的？还是女的？"

女儿口气很肯定地说："当然是女同学啰！"

我还想追问下去："那你们是新认识的吧？"

女儿有些不耐烦地冲我说："爸爸，你是想查户口吗？我的事，你就别再问了。"

一时间，我和女儿的交流受阻。

这天下午2点左右，家里的电话铃响了，我刚拿起话筒，一位男孩的声音就灌入耳朵："请找'风之女'接电话。"我不明白地问："谁是'疯子女'？"男孩说："就是打这个电话的女同学。"我有些气愤地对他说："你别乱骂人！我的女儿怎么会是'疯子女'呢？！"男孩忙解释道："你别生气，'风之女'是她网上的化名。"

一听这话，我忽地笑道："原来是这样！"因女儿下午到新华书店去买书了，这个名叫"文超人"的男孩没和女儿联系上。但我因此知道了和女儿在网上聊天的那个"文超人"是个男孩的秘密。

傍晚时分，女儿买书回来了，她径直走到电脑前上了网，可是网上的那个男孩没有出现。站在不远处观察动静的我，忙对女儿说下午有个男孩打过电话找她。

女儿"哦"了一声，忙问："他都说过些什么？"

我笑着说："他只说了你的化名。"

女儿听了这话后，脸红地低下头，不好意思再问什么。

一连两天，我见女儿总是心神不安，一有电话响，就抢先奔过去接，每次听到不是她所期望的人打来的电话，都会很失望。有一次，女儿正在卫生间刷牙，客厅里的电话响起，我刚要拿起话筒，女儿满嘴牙膏泡沫地跑过来，抓起话筒就问："谁呀？"等她听到电话是找我的，很是失望地把话筒递给我。

还有一次，电话只响了一下，女儿就抓起电话，当她听见说话人是"文超人"时，脸上的表情即刻像花儿遇见了阳光，笑得很是灿烂。兴奋之后，女儿声音降八度地与"文超人"窃窃私语起来，生怕被身边的我听见了。

这天以后，我发现，女儿每次上网时，都要把房门关起来，这显然是在回避我的监视。

凭第六感觉，我猜测女儿有可能与网上的那个"文超人""恋爱"了。对于女儿的"网恋"，我如果采取横加干涉的过激方法，结果肯定会适得其反，也会由此造成她的逆反心理，这种事例在生活中时常出现。我考虑后，打算采用"以情动人""设身处地"的方式，去引导女儿走出情感的误区。

◆ 走进女儿的世界与她为伍

为了能把女儿从"网恋"中拉出来，我决定走进她的世界里，与她为伍。一天晚上，女儿吃过饭后，又坐到了电脑前去上网。我就悄悄地离开家，到附近的网吧去，在一台电脑上申请了一个女儿经常去的聊天室号码，给自己取了一个"三好学生"的网名。

我给女儿发了一则消息：你是"风之女"吗？我叫"三好学生"，性别男，我想和你交个朋友！

女儿的消息很快回来了："三好学生"同学，我是"风之女"，收到了你的信息。谢谢你对我的关注。

看了女儿回复的消息，我为自己的"第一步"成功而窃喜！总算打进女儿的"内部"了。我当即和女儿对起话来："'风之女'同学，我是第六中学初二学生，老家在江西南昌，毫不谦虚地说，我初中连续两年都被评为年级里的'三好学生'。'风之女'，你能向我介绍一下你的情况吗？"

她说："没想到，我们是老乡，我也是初二学生，不过，实话说，我的学习成绩比起你来就差多了。每次考试都排在班上的倒数第三名到第五名之间。"

见女儿这么诚恳，我只得继续扮演"三好学生"的角色，鼓励了她一番："我认为，只要你认识到了自己的不足，狠下功夫，迎头赶上，相信你会取得好成绩的。"

这晚，我与女儿的对话一直持续了一个多小时，末了，我俩约定两天后的晚上7点30分再聊。

我回到家后，透过门缝，瞧见女儿仍在网上与别人聊天。我没有去惊动女儿，而是回到自己的卧室去了。

第二天吃早餐时，我见女儿脸上露出了高兴的表情。我故意问她有什么好事这么高兴，女儿马上收起了脸，翘着嘴说："你整天观察人家的脸色，我不喜欢你这样！"她匆匆扒了两口饭就去上学了。

我知道与女儿直接交流不行，也知道这个年龄段的孩子有逆反心理，如果以家长居高临下的方式对他们进行"教诲"，肯定会适得其反。只有采用平等的朋友式的方式进行思想沟通，他们才会乐意接受。这么一想，我便打算继续在网上与女儿进行对话。

两天后的晚上，女儿走进电脑房关起门来，我知道她准备与"三好学生"开始聊天。我赶紧出门，奔向网吧，很快就进入聊天室。我采取"先入为快"的方式，首先向女儿倾吐自己的苦衷："'风之女'，今天我碰到了一个很苦恼的问题，我的爸妈对我管教太严了！尤其我爸爸，他总是像监狱里的管教干部看犯人似的，我真不知道该怎么办了！你帮我出出主意，好吗？"

我的话发出去5分钟左右，女儿回话了："我很同情你的遭遇！其实，我和你有同感。不过，我知道大人所做的一切都是为我好，只是他们这种方式我接受不了。我想，你我的爸妈能像朋友一样对我们，那就好了！"

看了女儿的心里话，我脸上一阵发烧，忽地觉得应该反思一下自己是否犯了"家长式"的毛病。回想过去的日子里，自己对女儿的一举一动，确实事无具细地予以干预。每次干预后的效果，不但没让女儿心服口服，反倒引起她对我的阳奉阴违，嘴上说接受，可行动上却另做一套。看来，我应该调整自己的行为方式。

想到这里，我打出了这样一段话："我也觉得，如果爸妈能和我们交朋友的话，那就太棒了！我想，我们是不是应该找机会和爸爸妈妈坐下来好好谈谈，让他们知道我们的想法。"

读了我的信息后，女儿当即回复："我们都可以试试！对于这个问题，一个星期后，我们再交流一次。"

从网吧出来后，我立刻返回家里，刚一进客厅，就看见女儿的房门打开着。女儿见我进来后，"破天荒第一次"主动与我打招呼："爸爸，你回来了！"

这一瞬间，我的心里既兴奋又得意，毕竟自己的精心"策划"有了初步的效果。

◆ 读懂女儿心思

第二天中午吃饭时，女儿边吃着红烧肉边讨好地说："爸爸今天做的红烧肉真好吃！"我头一次得到女儿的夸奖，很是高兴，便说："那你就多吃些。"说着，给女儿的碗里又夹了两块红烧肉。女儿马上说了声："谢谢爸爸！"听了女儿感激的话，我心里涌起了一阵快慰。

之后的几天里，女儿都有意识地想和我套近乎，可她总开不了口与我谈"交朋友"的事。我本来打算主动向女儿提出"交朋友"，但又考虑到这样做，会引起女儿的怀疑，结果反倒把事情搞糟，只好忍住。

又到了与女儿约定对话的时间，我问女儿的第一句话就是："最近你和爸妈'交朋友'的战果如何？告诉你，我现在已经和我的爸爸成了'铁哥们'！我俩每天有说不完的话，我爸爸再也不是管教干部了。"

女儿的回信这样写道："很羡慕你们这些男生，敢作敢为。说真的，我一见到我的爸爸就不好意思说'交朋友'的事。凭我的直觉，我爸爸好像有什么话想对我说，可他也没说出口，我们父女俩真是一个德性，都太爱面子了。"

没想到，女儿还是看出了一点我的心思，我怕这个话题再聊下去，聪明的女儿会看出破绽来，忙转移了一个话题："'风之女'，我们也算是老朋友了，这几天，我想了很多，我俩是不是可以考虑交那种特殊关系的好朋友？你说呢？"

信发出后，我等着她的回音。谁知，这一等，就等了好一会儿也没有回话，女儿好像销声匿迹似的躲了起来。我心想，女儿心里早就装有"文超人"，现在又一个男生蹦到她的面前，她能不做思想斗争吗？于是，我赶紧又发了一封信去："'风之女'，你怎么了？是不是我太冒失，说了伤害你的话？可我真的没骗你，我可以对天发誓，我是从心里爱你的！"

果不出我所料，没过10分钟，女儿就有反应了："'三好学生'同学，我很吃惊，谢谢你的好意。不过，实话对你说吧，认识你之前，我已经有了网上男朋友了，我们虽然没见过面，他自称也是我们同届的学生，但我不能同时喜欢两个男生，这是很不道德和光彩的事！请你原谅我。"

看了女儿这段发自内心的情感表白，我为女儿对感情的如此"专一"和"忠心"而震惊！没想到女儿已经深深地坠入爱河了！怎么办？面对女儿的"忠贞"，我必须想办法把她从爱的泥潭中拉上来，不能让她越陷越深。

◆ 为拉回网恋女儿不择手段

我考虑了下，又做出了一个大胆的决定，准备扮演另一个女生去"勾引"那个化名为"文超人"的男孩。

第三天晚上，我来到了网吧，进入聊天室后，又如法炮制地张扬了他的信息："'文超人'同学在哪里？我叫"江南妹"，我早就仰慕你的大名！不瞒你说，别人称我为"班花"，论容貌，我是当之无愧的！遗憾的是，至今我还没找到"心目中"的男生做朋友。不知你现在是否已经有了女朋友？如果你有意的话，就速告之。"

我的这则消息发出去不多一会儿，那位"文超人"就有举动了，他很是兴奋地发来了滚烫的话语："好可爱的'江南妹'喔！看了你的信后，我心花怒放！我可以向你保证，我从来没有和任何女生交过朋友！只要妹妹你不嫌弃我，我愿为你赴汤蹈火！"

看了"文超人"火一般的"表白"后，我的肺都要气炸了！这个"花心男孩"，竟然脚踩两条船！我为女儿的一片痴情被践踏而痛心！为了能让女儿尽快地离开他，我压抑着内心的不平和愤恨，故意装出一副柔情似水的样子对他说：你能对我这么忠心耿耿，我真的好感动！不过，我有个要求，你如果真是这样，就必须保证不和任何女生来往！

"文超人"立刻信誓旦旦地答应道：我向天发誓，如果我与你之外的任何女生来往，你可以一辈子不理我！

看了"文超人"的发誓，我想，要设计"文超人"狠心地"甩掉"女儿，让女儿遭遇"失恋"的结，这样才能使女儿从"网恋"中清醒过来；然后，我再在网上好好教训那个"文超人"，让他收心搞好学业。

随后，我又对"文超人"说了一些"情深似海"的话："文哥"，我早就仰慕你！崇拜你！虽然我不曾见过你，可我能感觉你的帅气，这种帅气常常令我魂不守舍，我好多次在梦中与你相见，那种美梦的情景让我好舒服哟！

"文超人"见"江南妹"如此多情，他心花怒放，也直言不讳地向她表白……

直到夜里11点，两个"你情我爱"的人才下线。之后，两人约定第二天晚上再继续聊天。

到了第二天晚上，我又以"江南妹"面貌出现在"文超人"眼前，两人缠缠绵绵很是亲热地交谈，"文超人"的心完全被"江南妹"占据着。

第三天和第四天，"江南妹"与"文超人"的感情犹如火箭升空，直线飙升，颇有如胶似漆之感。

"文超人"的移情别恋，自然冷落了"风之女"，这让她很是伤心。更为伤心的是，当女儿在网上看到了"文超人"与"江南妹"那热情似火的对话，惊讶得说不出话来！她万万没想到，自己热恋着的男生，竟然又与别的女孩如此亲密。

几天来，女儿一副"失恋者"的样子。我瞧见女儿失魂落魄的样子，暗自高兴，为自己的再次"策划"成功而得意。

下一步我扮演又一个"同病相怜"的女生了。几天后的一个晚上，见女儿坐到了电脑前，我再次出门去网吧，直奔女儿的聊天室：你是"风之女"吗？我是"可怜妹"，我刚从别人那里听说了你跟我一样的遭遇。我们都是被男生甩掉的女生。我在网上曾经交过一个小帅哥，他对我说只爱我一个人。但是最近我发现，他在和我交朋友的同时，又和其他两个女生在秘密来往。当我责问他时，他毫不在乎地对我说：我们都没必要在"一条绳子上吊死"，他还怪我乱吃醋，你说气人不气人？！"风之女"，咱们以后都别再分心了，先好好读书，爱情的事只有等到我们长大成熟了再来考虑，你说呢？

女儿很快就给予答复：好！你说的我很赞同！我自己也发过誓，今后读书期间，决不再谈爱情的事！我愿意交你这个朋友，希望我们能成为学习上的好朋友。

看着女儿终于从情感的泥沼里拔了出来，我为自己的屡次"策划"成功而兴奋。我认为这种善意的欺骗，对女儿的身心健康成长是有益无害的！

女儿"失恋"后，又重新振作了起来，她每次上网就不再把房门关上，还大大方方地接受我的"监视"。一天傍晚，我小心翼翼地走到女儿的身后，看她正在网上查阅学习资料，我放心了，正准备离开，不想，她却回头来笑着对我说："爸爸，咱俩做个好朋友吧，有什么好的网站，咱俩相互介绍推荐，怎么样？"女儿轻松天真的神态令我倍感欣慰，我当即搬过一把椅子坐在她的身边，与她一块在网上浏览各种网站的新闻以及实用知识、有趣的知识信息。

从此以后，女儿的学习成绩日渐提高了。至于那个"文超人"，自从我在网上告诉了他事情的真相并和他诚恳谈心之后，他在网上潇洒地冲我打了一个手势说：OK，谢谢你啦，叔叔，网上都是虚拟的，现实中，我会记住你的劝告的……

如今，我再也不需要到网吧去和女儿玩"善良的欺骗"游戏了，也不需要和她"谈情说爱"了。

父母借鉴 ///

　　文中的父亲发现女儿有了"网恋"，他没有揭穿女儿的真相，而是采取同龄人容易接受的"智诱"方式，先是与她交朋友，与此同时，又"冒充"一位女生去勾引女儿"网恋"男朋友，之后，他把女儿"网恋"男朋友移情别恋的真相告诉了女儿，一步步引诱女儿走出了"网恋"的误区。这位父亲的聪明做法，值得当今父母效仿。

第三章
"受挫计"：母亲向自闭女儿灌输"逆境文化"

口述：柴艳颖，某企业中层干部

◆ 小学毕业考试后，女儿变得忧郁寡欢

我的女儿铭铭面临小学毕业考试。这次考试的成绩，虽然不能决定女儿是否升学，但对她是进入中学普通班还是尖子班却有很大的影响。从这个角度来看，对女儿造成了一定的压力。作为父母，我们很希望女儿能到尖子班接受更加精良的教育。

考试的那天早晨，我和丈夫一块送女儿走进考场，这是第一场数学考试。足足3个小时，我和丈夫守候在考场外，我俩的心始终悬挂着，暗暗地为女儿祈祷。

考试结束的铃声响起，不一会儿，女儿阴沉着脸低头走出了考场。

一见这情形，我预感不妙。

果然，当丈夫急切地问女儿考试情况时，女儿声音降八度地说："我有三道验算题做不出来。"

一听这话，丈夫埋怨说："平时爸爸教了你那么多验算方法，到关键的

时候，你怎么就会做不出来呢？真气死我了！"

女儿很委屈地急哭了起来。

随后的三场考试，除了语文考试正常外，其他两场，女儿都发挥得不理想，每次走出考场，她的情绪都很低落。看来，女儿能否进入中学尖子班悬而未决。

等待消息的日子里，我们焦急，女儿也提心吊胆。丈夫整天唉声叹气，不时责备女儿考试不专心。说实在的，丈夫对女儿的期望值大大超过我，毕竟过去他在女儿学习的辅导上花费了不少的心血。在丈夫的不断埋怨下，性格内向的女儿此时脸上没有了一丝笑容，自责和自卑使她这种年龄段孩子应有的天真活泼荡然无存。

眼见到这父女俩消极的情绪，为人妻为人母的我只有平心静气地一一开导他俩，我对丈夫说："也许是我们给女儿的精神压力太大了，造成她心理紧张，临场没发挥好，这也是很正常的事。设身处地想想，如果我们处在她的位置，会怎么样？"

丈夫听了，觉得有道理，便自我检讨说："你说得对，我望女成凤太急了，不应该给她过分的压力。"

丈夫的思想工作做通了，我又找女儿谈心，对她说："这次考试的成绩，并不代表你的水平，妈妈相信你读中学后，会有机会好好发挥的。"

尽管在我的疏导下，女儿低落的情绪在一段时间有所缓和，可到了真正敲定她只能进入中学普通班时，我明显地感觉到了她焦躁不安的心理，吃饭不香、睡觉不安、说话心不在焉，连看电视也经常走神。

好长一段时间，女儿处于精神恍惚中……

◆ 中考不理想，女儿想"轻生"

女儿进入一所中学就读普通班后，小学毕业考试留下的遗憾阴影仍然在她的内心挥之不去。从表面上看，女儿学习很努力，每门功课的成绩都在班上前10名，但我观察后发现，内向的女儿比以前更加沉默寡言了。每天放学一回到家里，除了吃饭外，她独自关起房门看书做作业，一关就是几个小时。过去，每天傍晚，女儿一到时间就会打开电视机，选择她喜欢的节目看，边看边发出咯咯的笑声。可现在，她根本不愿走近电视机半步。有一天，我透过门缝往里瞧，看到女儿虽然双手捧书，而眼睛却傻傻地望着前方。

对于女儿的这种变化，丈夫认为她学习的自觉性加强了，是上进的表现。而我却为女儿的心理变化担忧。

随后的两年多时间里，女儿虽然学习成绩一直保持前10名的势头，可她自闭的心理越来越严重，一天说不上三句话。

女儿初中毕业，面临中考。这次中考，将决定女儿是进入普通高中，还是重点高中，或者职业技校。说真的，我和丈夫都很看重此次中考，尤其是丈夫，像下赌注似地对女儿说："爸爸这回全看你的了！"女儿看着父亲期望的目光，什么话也没说，只是点了点头，看得出来，她在暗暗地为自己加油。

临考的那天，我不想让丈夫一道去，怕他会在女儿走进考场那一刻给她施加精神压力。我单独送女儿来到了另一所学校的考场，当女儿即将走进考场的一瞬间，她脸上的表情绷得很紧，只对我说了一句话："妈，我有些害怕！"我知道，这是女儿"恐考心理"的条件反射。我马上稳定她的情绪说："铭铭别紧张，尽量考，考不好，妈妈也不会怪你的。去吧。"女儿见我很放松的神情，这才扭转身朝考场走去。

两个半小时的英语考试很快结束了，女儿最后一个走出考场。此时，女儿脸上的表情比进去时开朗了许多，不等我问她，就主动告诉我："这次英语考试，我全都做完了。最起码有80分以上。"好久没有见女儿如此自信了，我高兴地笑着对她说："太好了。妈知道你会考出平时水平的。"

中午回到家里，丈夫听说女儿考得比较顺手，显得异常兴奋，即刻"以资鼓励"说："如果下面几场考试，你能考出理想的成绩，爸爸答应送你一个苹果手机。"

接下来的五场考试，女儿的临场发挥不很正常，语文考得还可以，数学就思路受堵；物理发挥不错，化学就一塌糊涂。到第六场考试结束时，女儿全然没有了英语考试出来那种开朗的心情。丈夫瞧见女儿苦瓜似的脸，感觉没戏了，也黑着脸，叹息地对女儿说："看这样子，苹果手机你是得不到了！"

正像丈夫预言的那样，中考结果张榜后，女儿得了一个A、两个B、两个C和一个D，这种成绩，别说进重点高中，就是进好一点的普通高中也很悬。一个平时成绩始终保持班上前10名的女儿，到了中考，竟然连好一点的普通高中的分数都达不到，这不仅让我和丈夫难以接受，就是女儿班里的同学和老师也不能理解。

分数公布的那天，女儿关起房门整整哭了一个下午和一个晚上。原本要狠狠训斥女儿的丈夫，也被女儿这异常的举动收住了口。

到了第二天早晨，我去敲女儿的房门，叫她吃早餐，她也不开，只从里面传出哭声。丈夫有些不耐烦地说："别理她，让她好好地反省反省，太不争气！太让人失望了！"

我和丈夫吃过饭后去上班了。

等到我中午回家，打开房门一看，女儿房间的门也洞开着。我急忙走了进去，女儿不在里面。只见书桌上摆放着一张纸条，上面用圆珠笔写下了："爸爸妈妈，对不起！我让你们大失所望了。我也想考好，可是，我就是考不好。我很恨自己，为什么会这样不争气！我没脸见同学和老师，也没资格做你们的女儿。我觉得活在这个世界上，没有一点意思，太累太累了！我想好了，准备到另一个世界去寻找快乐！"看了这张叫我震惊的纸条，我的第一反应便是冲出房门，高声叫着女儿的名字。

我当即打丈夫的手机，告诉了女儿想"寻短见"的惊人消息，丈夫听后也慌了手脚，我俩很快汇合了，四处寻找女儿的踪迹，女儿要好的同学家、亲朋好友家和女儿常去的几家书店找了一大圈，也没有发现女儿的影子。

就在我和丈夫感到无望之际,晚上8点左右,从女儿要好的同学琳琳那儿传来消息,她在沿江大桥上看见了铭铭。

当我和丈夫再次见到伤心欲绝的女儿时,我紧紧地搂住女儿不放,嘴里说出:"你怎么这样傻,考试成绩不好,这比生命还重要吗?跟妈回家去,妈妈还有好多话跟你说。"此时,一旁的丈夫并没有埋怨女儿,而是说:"回家去吧,爸爸妈妈找你好苦!"

女儿在我的怀拥下回到了家里,夜半时分,我和丈夫百般地对她进行了呵护和安慰,身心疲倦的女儿这才安静地入睡……

◆ 逆境成才,我对女儿进行"挫折教育"

女儿"轻生"差点造成事实,这对我触动很大!我静下心来分析,虽然造成女儿走"轻生"这条绝路的原因与学习压力过大、父母的期望值过高、理想和现实相背离有直接的关系,但同样与女儿自身的心理承受能力较差也有一定的关联。女儿从小到大,生活一帆风顺,我们做父母的一惯对她"宠爱有加",形成了她在顺境中生活的习惯。当女儿遇到失败时,脆弱的心理使她经受不起挫折,在挫折面前,她难以控制自己的负面情绪,以致产生不良的行为反应。看来,我有必要对女儿进行"挫折教育",以增强她的心理免疫能力。

有了这一想法后,我很快就制订了"挫折教育"的引导方案。俗话说"榜样的力量是无穷的",尤其像女儿这种年龄段的孩子,对偶像、对明星的崇拜是他们的显著特点。

一天晚上,我见女儿的焦虑和懊悔情绪稍稳定,就开始向她灌输"逆境文化",我问女儿:"你知道张海迪吗?"

女儿点了点头说:"知道。"

我马上抓住这一焦点人物,对她灌输说:"你看人家张海迪,虽然遇到了高位截肢这样的厄运，但她面对不幸，没有被击倒，而是身残志坚地坚持自学。她不仅学会了医学知识，为老百姓治病，还自学了多门外语，翻译了许多外国作品，成了当今青少年的楷模。"

女儿眼睛闪亮地看着我。

接着，我又向女儿讲述发明家爱迪生为找一个灯丝材料失败过1000次；索尔克为了找骨髓灰质疫苗，98%的时间都花在不成功的实验上；埃尔利西把自己发现的药物命名为606号，意味着曾经失败过605次等名人的故事。

听完我讲述的这些名人故事，女儿的脸上显露出似有所悟的表情。

第一次向女儿灌输名人如何勇于面对挫折取得初步效果后，接下来，我准备选取身边的人和事，对她作进一步的"挫折教育"。有一天，我从晚报上读到了本市一位下岗青年几经挫折最后成为集团公司大老板的感人故事。我觉得这个人物的事迹对女儿的"挫折教育"有帮助，于是，我当即与晚报联系，索要了那位青年老板的电话。第二天上午，我打通了这位姓武老板的手机，向他说明了自己想见他的意图。当武老板听说了我女儿曾想"轻生"的情况后，立刻同意与我们见面，愿意以自己的亲身经历帮助我女儿走出心理困境。

当晚7点30分左右，我带着女儿来到了与武老板约见的"梦圆茶吧"。三人见了面，一番客套之后，武老板毫不掩饰地开始讲述他的曲折经历，说六年前，他从一家机械厂下了岗，当时，他上有两个身患重病的父母，下有一个正在读高中一年级的儿子，而妻子此前也下岗在家。这样一个特殊的家庭，首要解决的是经济问题。为了保证家庭基本的经济收入，他去跑保险、跑产品直销，还去做过上门修理工，在这个过程中，他尝尽了人世的冷漠和嘲讽。半年后，他下决心向亲朋好友借钱开了一家机械修理部，谁知，由于经营不善，修理部连续亏损。恰在这时，他的母亲已到肝癌晚期，妻子忍受不了苦日子，离他而去，而借款给他的亲朋好友纷纷上门要债。一时间，他陷入生活的困境中。然而，生性好强的他，并没有被这些困难吓倒，他重新调整自己，看准了一个很有市场的项目，在旧债未还清的情况下，又通过朋友向银行借贷了100多万元。经过四年多的打拼，终于获得了成功，一跃成为一家集团公司的老总。

听了武老板讲述自己逆境成才的经历后，女儿肃然起敬，她的脸上露出了崇拜的神情，情不自禁地脱口而出："武叔叔，你真了不起！"

我见女儿说出如此动情的话，心里一阵高兴，这说明女儿已经接受了我的这一"挫折教育"方式。

随后的日子里，只要一有机会，我就不失时机地列举事例向女儿灌输"逆境文化"。我要让女儿明白，人生本身就要面对各种各样的挫折，当遇到这些挫折时，要正视现实，勇于直面挫折，把挫折当作人生不可缺少的一部分，要变挫折为动力。

◆ 高考落榜，"自励复读"帮助女儿跨入大学门槛

时光如梭，又到女儿参加高考了。这次考试，将决定女儿今后的前途走向。经历过前两次考试由希望到失望过程的丈夫，对女儿此次高考，已经能够平心静气地看待，送女儿进考场之前，他对女儿嘱咐道："尽量考出水平吧，爸爸也不指望你考上一本，能读个二本也不错。"

我见丈夫如此"开明"地叮嘱女儿，没有再对女儿说什么嘱咐的话，只给她做了一个加油鼓劲的手势。女儿看见后，深深地点了点头，而后义无反顾地步入考场。

高考结束，考试的分数很快就出来了。大大出乎丈夫的意料，女儿的分数，别说上一本，就是进二本，还差十几分。

这样的结果，真让丈夫啼笑皆非，他摇头晃脑地自言自语："孺子不可教也！我再也不管女儿的事了。"可见丈夫的失望程度。

对于女儿这次高考落榜，我不但没有责备她，而是抱着理解的态度来看

待。我是这样理解的：进入少年与青春交接期的女儿，由于生理发生了一些变化，她的心理也会有所变化，情绪自然波动很大，尤其女儿每次遇到大的考试，她的"恐考心理"会反应很强烈，这说明女儿还没有真正摆脱忧郁心理的困扰。

分数公布的第二天晚上，我来到女儿的房间，她没有像中考时那样自闭和伤心，而是坐在电脑前阅读有关教育方面的文章，她的情绪看上去较为稳定，这表明女儿比过去"成熟"多了。

我在女儿的身边坐下，然后问道："铭铭，你现在是怎么想的？"

女儿侧过头来，很认真地对我说："妈，这次没考好，我不会气馁的！你不是常对我说，遇到挫折，要勇于面对现实吗！这两天，我正在调整自己。"

女儿的回答，太让我惊喜了！看来，我的"挫折教育"已经深入女儿的内心里。

没过几天，女儿主动对我说："妈，我想好了，我打算补习一年，明年再冲刺一回，行吗？"对于女儿的合理要求，我满口答应。

女儿又复读了，这次补习，她学习的自觉性比以往任何时候都要强烈。每天回到家里，不用我们大人督促，她会合理地安排每门功课的温习。

一年很快过去了，女儿再次面临高考。这回高考，我和丈夫都没有陪女儿去考场，丈夫的心理是：对女儿不抱任何希望；而我则是：锻炼女儿的自主能力。

高考结束后，丈夫没有问女儿的考试情况；我也没有探听女儿的感受；女儿自己也像没事似的，放松自己地约同学逛街。

一个月后的一天晚上，女儿坐在家里的电话机前拨打高考热线电话，查询考试成绩。

此时，正在厨房炒菜的我，突然听到客厅里传来了女儿的尖叫声。我不知发生了什么事，急忙从厨房跑出来。女儿兴奋地朝我冲了过来，激动地告诉我说："妈，我终于上了大学一本的分数线！"

女儿得了632分，这个成绩足以进入大学理科一本。眼望着激动不已的女儿，我也感同身受地流下了高兴的眼泪。

当晚，丈夫回到家里，听说此事后，一下子傻了眼，好半天也回不过神来，他做梦也没想到，让他屡次失望的女儿，会考出这么好的成绩，等他醒悟过来后，他忽然开心地大笑起来……

女儿最后被华东一所理工大学录取了。一天晚上，余兴未消的我独自问女儿，这次她临考前是怎样的心理？女儿如实地告诉我说，当时她的脑海里不断地闪现那些在逆境中成才的人物，她暗自下决心，即便这次高考失败了，还要继续努力，直到成功为止。我想，正是女儿这种百折不挠的自信心理，使她在应考时能从容应对，最后实现了理想。

一天，女儿在大学课堂上给我发来一封手机短信，上面写道："谢谢妈妈曾经对我的'挫折教育'，我会把这份宝贵的精神财富珍藏在心里，用它来指导我今后难以预测的人生道路。"

女儿终于走出了忧郁的心理困境，能够自信地直面人生，这是我作为母亲所希望看到的结果！

父母借鉴 ///

女儿考试一次次崩溃，还因此患上了严重的抑郁症，把自信心也丢了。母亲发现了不妙的情况后，针对女儿这一年龄段的特点，对女儿进行了一系列榜样式的"挫折教育"，收到了显著的效果。

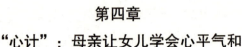

第四章
"心计"：母亲让女儿学会心平气和

口述：喻巧静，某办事处秘书

◆ 稍有不顺，女儿就情绪大波动

我的女儿秀莹是个多愁善感的女孩，从上幼儿园到读小学，情绪多变是家常便饭，只要她一遇到不顺心的事，不是大哭大吵与人闹别扭，就是闷闷不乐。

到了女儿上初中时，她的这种"天气晴雨表"似的情绪变化越来越明显。有一次，女儿的班主任原定周末带领全班同学去远郊的龙虎山游玩，为此，兴高采烈的女儿事先让我准备了一大包路上吃的零食。可是，到了周末的下午，班主任却临时取消了郊游计划，傍晚时分，女儿回到家里，脸上"愁云密布"。我问她出什么事了，女儿没有回答，而是伤心地哭了起来。一见这情形，我的心提了起来，急切地再次追问道："告诉妈妈，到底发生了什么？"女儿抹着泪说："老师不带我们去龙虎山玩了，她说话不算数！"一听这话，我悬着的心松懈下来，马上对女儿说："老师不带你们去玩，肯定有其他的原因，你就别太计较了。"谁知，女儿却不依不饶地说：

"不管她有什么理由，老师说话不能骗人！"因为这次"郊游"没有成功，女儿一连好几天都不高兴。面对女儿的"死心眼"，我只得叹息。

又有一次，女儿放学回家，刚一进门，我就见她两眼泪汪汪，一问才知道，原来她今天在学校与另一位叫菲菲的女同学闹别扭了。原因是女儿向菲菲借一盘孙燕姿的歌曲光碟听，而菲菲却借给了其他一位女同学，因此，女儿当面说菲菲不够"姐们儿"。菲菲理直气壮地说："我的东西，想借给谁就借给谁，你管得着吗？"于是，两个昔日的好同学激烈地争执起来。也就从这件事开始，女儿与菲菲断绝了来往，两个人成了"冤家"。

女儿参加学年的期末考试。第一场是考语文，平时，女儿的文言文和作文成绩都是不错的，可是这次考试，也许是女儿心里过于紧张，临考时，不但一大段文言文翻译白话文的题目译偏了，连800字的作文也很费力地只写了500字不到，而此时考试结束的铃声响起，老师要收试卷了。女儿心里一急，竟然大哭起来。当时在场的同学和老师都用一种异样的目光看着她。

接下来的几场考试，女儿由于受到语文考试不顺的情绪影响，一进考场，就条件反射般地缺乏信心，最后，其他几门功课都发挥得不理想，形成了"负面情绪"的恶性循环。

◆ 心情教育，我尝试对女儿的"三个引导"

女儿遇事的多愁善感，不仅对她的身体健康有害，而且也阻碍了她的心理健康成长，造成她对周围的人和事缺乏应有的爱心、理解和宽容，也损害了她自信心的树立。

面对女儿的身心发展受阻，我越发感到身为人母对孩子引导的重要性。一天，我在单位翻阅报刊时，一篇《"心情教育"是家长的法宝》的文章吸引了我的眼球，文章谈了在家庭中开展"心情教育"的必要性，还从三个方面列举了"心情教育"的方式方法。读完这篇很受启发性的文章后，我郁结的心豁然开朗，暗自下决心，准备按照这些切实可行的方法，对女儿进行"心情教育"的尝试。

傍晚回到家里，吃饭时，我对女儿说："莹莹，明天是周末，妈妈想带你去龙虎山玩玩。"我的话音刚落，女儿高兴地差点蹦起来："真的？你不会骗我吧？"女儿说这话，显然对上次老师"失信"的事心有余悸。我当即对她说："除非妈妈明天有意外的事情脱不开身。"在得到我的肯定后，女儿大口地吃着饭，显然她心里很兴奋。

第二天一大早，我和女儿都早早地起床，准备出行的随身品。恰在此时，我的手机响了，是单位的领导打来的，他说今天让我去单位加班赶写一份材料，明天他要到省城去开会。这意外的出现，使我左右为难。一旁的女儿竖起了耳朵阴沉着脸紧张地听着。一见女儿这副表情，我马上意识到"失信"将给女儿带来怎样的情绪反应。为了兑现自己的诺言，思考片刻后，我主动给领导打去电话，把自己的打算告诉他，说白天有重要的家事，材料我今天晚上加班加点一定赶写出来，决不会耽误他开会。善解人意的领导答应了我的要求。身边的女儿听完我给领导打的电话，脸上的表情立刻"阴转晴"。

一个小时后，我与女儿乘旅游车来到风景秀美的龙虎山。一到大自然，女儿好玩的天性就暴露出来。一会儿三步并两步地攀登山峰的台阶；一会儿在水中与小鱼儿嬉戏；一会儿放开嗓门高唱新新人类的流行歌曲。看着女儿活蹦乱跳的身姿和开心笑容，我也受到了感染，情不自禁地与她一同亲近大自然。

我与女儿尽情地游玩回来后，吃过晚饭，我决定带女儿一块到单位去赶写材料，这样做的目的，是要让女儿亲身感受我因陪她游玩而耽误了公事及我照顾她的心情，也希望她能理解我的"事业心"。材料一直写到夜里12点多，陪伴在身边的女儿困倦不堪，她感触深切地说："妈妈，要知道你这样不容易的话，我们今天不去游玩就好了。"听了女儿这番话，我暗自高兴。

随后的一段时间里，我寻找各种机会让女儿体验"当遇到情况变化时，如何抱着理解的态度从容面对"。经过几次言传身教，女儿开始接受了我的"灌输"。

第一个"引导"取得初步效果后，我又对女儿进行"善待他人"的引导。我选取的方法同样是言传身教。我列举了两件自己的亲身经历：第一件事例是，我曾经帮助过一位家境困难的同事，可在单位的一次评先进工作者时，这位同事却把最重要的一张选票投给了另外一同事，我因此而失去了当选的机会。事后的几天里，我的心绪难平，怎么也想不通他为什么要这样做！直到我父亲的一席话点醒了我，他说："你虽然有恩于那位同事，这也只是个人间的帮助行为，评选先进工作者的标准是全面的，我认为那位同事的做法是对的，他站在公正的立场上投下这张选票。"在父亲的开导下，我很快调整好自己愁闷的心理，理解了那位同事的"异常行为"，不计前嫌地与他继续保持友好的关系；另一件事例是，我读中学时，爸妈时常到外地出差，留下我独自守着空房，很是寂寞孤独。班里的一位女同学便经常来家陪伴我，还给我烧她拿手的好菜，有了这位女同学做伴，我很快乐地度过了许多的难熬之夜。一晃二十多年过去了，当这位多年不见的女同学再次出现在我面前时，我脑海里的第一反应是"我要报答她"。此后的日子里，我果然这样去做了。

我向女儿讲述这两件亲身经历，目的在于让女儿懂得"善待他人"，不仅要学会宽容，还要知道珍惜他人的爱，并且学会爱他人。

"善待他人"的同时，也要"善待自我"，这是我对女儿的第三个引导。有一天，女儿中考体育，除800米是必考项目外，她根据自己的特长选报了垫排球和投铅球两个项目。按学校规定，这三个项目加起来的总分为30分。女儿自认为这回考试准能拿到27分以上。

然而出乎女儿的意料，体育考试结束后，女儿的排球算是如愿以偿地得了10分，可800米长跑由于最后体力不够只得了7分。这个分数离女儿预想的结果有一定的差距。为此，女儿情绪波动很大，她很伤心和后悔！

面对女儿遇到的小小失败和挫折,我没有"雪上加霜"地去责备她,而是一方面帮助她分析和总结失败的原因;另一方面用自己的人生经历中所体验过的失败来开导女儿如何正确对待挫折。我对女儿讲述了一则与她相类似的"失败小故事":我读中学时,一直梦想着将来当一名作家。然而,当我参加高考后,因文化成绩与高等院校相差十几分而落榜。眼看到自己"作家梦"成了泡影,心里别说有多伤心!可是经过一段时间的心理调整,我又"活跃"起来了,虽然不能进正规的高等学校深造,但并没有了断我的作家梦。进入公司工作后,我通过自学,完成了高等自学考试的全课程。在公司里,我一边做好本职工作,一边仍坚持业余写作。通过六七年的生活积累和笔耕,我完成了一部十几万字的散文集。当我的散文集《跌倒重来》出版后,本地的各家媒体争相报道,一时间,许多读者写来热情洋溢的信。直到这时,我才感悟到"失败是成功之母"和"条条道路通罗马"的人生真谛。

女儿听了我的这段经历后,结合自己的现状似乎领会到了什么,只见她几天愁眉不展的脸上有了"阳光":"妈妈,我一定会像你一样从头来过,就是再失败了,我也不灰心的。"看着女儿做好"重振旗鼓"的准备,我告诫她,人的一生也许要经历无数次的失败,可我们不仅要有勇气去接受它,而且要把它作为前进的动力、作为走向成功的财富,这是每一个生活强者的必经之路。

◆ 遇到烦恼,女儿心平气和地泰然处之

一晃三年过去了,女儿面临高考的抉择。经过这几年我对女儿的"心情教育",此时,女儿已经能够比较平静地面对高考了。临考的前一天晚上,我故意试探地问女儿:"如果这次高考,你考得不理想,你会气馁会哭鼻子吗?"女儿很轻松地对我说:"我才不会哭鼻子呢,大不了明年再考过。"有了女儿这句话垫底,我的心里觉得踏实了许多。

正值骄阳似火的高温天气，女儿与同学们一道挥汗如雨地参加了选择前途的高考。三天的高考结束后，女儿如释重负地对我说："妈，这次高考，除了英语和物理没有发挥好，其他几门科目考得还比较满意，我自我感觉考上第一自愿应该没多大问题！"

一个月后，高考成绩张榜了，拿到分数的那天下午，女儿走进家门时，我看她脸上的表情显得很郁闷，便知道了一半。吃饭时，我见女儿的眼睛有泪痕，显然刚才进卧室后，女儿哭过鼻子。我有意识不打听结果，只想看看女儿是如何面对这次不理想的结局。吃了一会儿饭，郁闷的女儿终于开口说话了："妈，你不会怪我吧，我的成绩只能进专科学校。"听女儿这么一说，我表态了："傻孩子，你能考取大学，妈高兴还来不及，只要你自己不烦恼，就行了。"女儿的脸上即刻露出了笑容："我想好了，即使没有考取本科，等将来专科毕业了，我再接着考本科。"见女儿能够自己调整好心态，对未来进行自我设计，我感觉女儿的心理开始走向成熟了。

女儿带着平和的心理去南昌读大学了。在大学的三年里，女儿无论与老师之间，或者与同学之间，即便遇到一些不愉快的事情，总是很快地调整好自己的心理，然后用一种友善的态度来处理彼此之间的关系。有一次，在集体宿舍里，睡上铺的女同学时常把一些废纸屑仍到女儿的床上，女儿很是恼火，便与她发生了口角。之后的一天里，两人之间互不理睬。可到了第二天早上，女儿却主动与女同学打招呼，并且帮她买早点。由于女儿的退让和积极帮助，那位女同学很是惭愧，从此以后，再也没有仍过废纸屑，与她又友好相处。

时间又过去三年，女儿大学毕业，首先面临的是就业问题。女儿上人才交流中心去应聘。这里招聘的单位很多，可因女儿在大学学的是历史专业，一时间很难找到合适的工作，不是别人看不上她，就是她嫌弃人家档次太低。

两个星期后，女儿仍然没有物色到理想的工作。一天，见女儿心情有些急躁地闷在家里。此时，我也不对她作任何开导，想让她自己走出心理困境。果然第二天一大早，女儿仍然带上干粮去人才交流中心了，当她回来时，兴奋地告诉我，她找到了一份保险工作，她说这个工作的提成很高，而且也有一定的竞争力。

两天后，女儿上岗了。女儿做保险业务的第一天，按照公司对业务员划分区域"跑线路"的安排，被指定专跑南湖这一片区域。当女儿拿着公司给的有关介绍保险条款的宣传资料走进一处大院时，她首先敲开了第一单元的一家房门，开门的是一位中年男人，他用警惕的目光审视地问道："你是干什么的？"女儿马上很热情地介绍说："我是保险公司的，你们家要不要买保险？"中年男人立刻拉长着脸："不买！"说完，他重重地把门关上。

女儿吃了这个"闭门羹"后，心里很不舒服。回过神后，她又继续往楼上走，来到二楼，她敲了敲门，里面的人从"猫儿眼"看她，等她做了自我介绍后，里面传出了很凶的女声："走开，我们家不买保险！"

来到三四楼，女儿受到了同样的"冷遇"。

头一天下来，女儿不但一桩业务没谈成，还受了一肚子的气，心里很是憋闷！

回到公司，女儿本想向负责人诉苦，可话刚一出口，就遭到了负责人的训斥："这一点苦算什么，你以为保险业务会自动送上门来？以后别在我面前叫苦！"

接下来的两个星期里，女儿没有谈成一单保险业务，这让公司的老总很是恼火，一怒之下把她给"炒"了！

女儿在这家保险公司连头搭尾干了15天，不但没有分文进账，还倒贴了400多元钱用于乘车、复印资料、在外吃喝等。面对这样的结果，女儿的情绪虽然有些波动，但她很快就控制住自己，再次以良好的心态奔赴人才交流中心，重新找到了一份广告公司的工作。

就在女儿事业小有成就之际，爱情降临到了她的身边，男孩是另一家广告公司的业务经理，共同的事业使他俩的感情升温很快。可俗话说"相爱容易相处难"，女儿与男朋友相处了一年多，忽有一天，两人因为一件小事而发生了矛盾。矛盾出现后，女儿马上"小事化了"地调整好自己的情绪，抱着理解而诚恳的心理主动与男朋友言归于好。

国庆，女儿与男朋友携手步入婚姻的殿堂。在婚礼上，身边一位男方家的亲戚夸奖地对我说："莹莹不但脾气好，还是个善解人意的好闺女。"听着这位亲戚的赞美，看着女儿与男朋友幸福快乐的神情，我回想起了自己曾经对女儿所做的"心情教育"，真是感慨万千！是啊，身为父母，对孩子的教育，不只要关心他们的衣食冷暖、智力开发和知识的学习，还要关注他们的喜怒哀乐和内心世界，引导他们理解真爱、学会关爱他人、树立自强意识，使他们的品德、性情和意志朝着崇高的目标发展，成为一个身心健康快乐的人。

父母借鉴 //

　　文中的母亲了解女儿是个情绪波动很大的孩子，决定给女儿进行"心情教育"。她的"心情教育"分为三部分：首先是当遇到情况变化时，如何抱着理解的宽容态度；其次要学会珍惜他人的爱，并且学会爱他人；再就是"善待他人"的同时，也要"善待自我"。经过母亲的一番"心情教育"，女儿终于变成一个有爱心、通情达理的可爱女孩。

第五章
"悦纳计"：父亲让郁闷女儿把欢笑带到海外

口述：雷大巍，某电子产品开发公司技师

◆ 女儿很郁闷，我明察暗访查原因

我的女儿雷晓玫就读初中二年级，她的学习成绩在班里一直名列前茅。可近段时间以来，她的各科成绩呈直线下降的趋势。

对于女儿各科成绩的大退步，我的爱人整天不是指责，便是埋怨和叹息！

一天傍晚，吃过晚饭后，我避开妻子单独找女儿审阅她的作业，然后借题发挥，问她最近几门功课为什么考得这么差。

女儿红着脸低下头，像个挨批的学生一声不吭。

见女儿哑巴了，我表情严肃地再次追问。

这回，闷声不响的女儿忽地嘤嘤抽泣起来。

我一时不知所措了。

女儿成绩下降的原因没有找到，这让我忧心忡忡。为了寻找原因，一天下午，我特意向单位请了半天假，来到学校。我没有惊动女儿，而是直奔教师办公室，见了女儿的班主任，想从她这儿了解情况。

班主任直言不讳地告诉我，女儿这个学期以来变得很孤僻，上课发言不积极；课间不愿和同学在一块玩；下课后不愿参加班里的集体活动。

班主任开诚布公地说了问题后，我知道了女儿在学校里孤僻的情况，但仍然没有寻找到她沉默寡言的根源，这让我整天寝食不安。

就在我不知如何掌握女儿真正的心理活动之际，一个双休日的上午，女儿去学校补课了，我在家里打扫卫生。当我走进女儿的房间，正准备给她整理写字台时，一封信吸引了我的眼球。

我随手拿起来一看，是女儿写给我的信：爸爸妈妈整天关心的我，除了成绩，还是成绩；学校老师关心的，同样除了升学率，还是升学率；而同学间天天谈的比的，除了分数，还是分数。面对这些枯燥乏味的焦点问题，我的头都要炸了。难道人活着就是为了分数和成绩？连一点其他的乐趣也没有吗？这样活着还有什么意思，真的太累了！

看到这里，我的心释然，原来这就是女儿为什么变得孤僻的真正起因。此时此刻，我的心情也变得沉重起来。

◆ 快乐教育，我帮助女儿走出郁闷

发现了女儿内心的苦衷，怎样才能让她走出郁闷，重新回到开心的生活，这是摆在我面前必须解决的问题。

一个双休日下午，我准备带女儿去全市最大的新华书店买书。当我们上了公交车后，车上正在播放一段由笑星冯巩与人合说的相声片段。那风趣幽默的对话，使车上的乘客不时开怀大笑。

我留意女儿的表情，看见她的脸上也露出了久违的灿烂笑容。我的心为之一动！看来，女儿并没有完全失去笑的功能。闪念间，我的脑海里忽然有了一个设想：我可以采用快乐的方式，把女儿从郁闷的困境中引领出来。

下车后，我陪她来到新华书店。在一处文学作品的书架前，我看到一本

笑话大全，随手拿了下来，翻了翻里面的内容，觉得挺有意思的，便向女儿推荐了这本笑话大全。

女儿瞄了一眼，摇了摇头说不感兴趣。

随后，我又看中了一本幽默搞笑精选集，再次推荐给她。

不想，女儿有些反感地说没那个心情阅读。

无奈，我任由女儿自选她感兴趣的书籍。

目的没有达到，这让我有点失望。

傍晚回到家里，我思索着，该采用什么方式向女儿灌输幽默信息的问题。这时，我的手机发来了短信，我当即打开一看，原来是一条笑话，上面写道："有一节作文课教的是写信。上课后，老师先做一番启发：'同学们，当我们要把自己的学习成绩向远在他乡的亲人汇报时；当我们想和千里之外的亲朋好友共诉心声时，该怎么办？'全班同学齐声回答：'打手机！'"

读完这条笑话，我想，如果把这条短信传到女儿的手机上，她看了，肯定也会很开心的。

短信发送出去不一会儿，我听到女儿的房间里传出了咯咯的笑声……

传递幽默消息成功了，这使我兴奋不已！可见，这种传递方式，女儿接受了。

两天后的上午，我在单位读一份晚报时，一则小幽默引起了我的注意，迅速阅读后，觉得这则小幽默很有趣，便随即用手机把它发送到女儿的手机上。

随后一段时间里，我不仅通过手机给女儿发送笑话短信，还利用网络给女儿传递快乐信息。我知道，每天中午或晚上，女儿放学回家后都要上一个多小时的电脑。在掌握了女儿的邮件地址后，我通过电子邮件给女儿发送经过选择的幽默类小品文。

一天晚饭后，女儿走进自己的房间，习惯性地坐到电脑前开始上网。

这时，我也奔进书房，急忙打开另一台电脑，把已经选定的两则笑话发给了女儿。

过了好一会儿，从女儿的房间里，预料之中地传出了她的爆笑声……

我又一次成功了！

之后几天里，我紧锣密鼓地如法炮制，不断从电脑和手机上给女儿发送各种类型的笑话。

我给女儿发送笑话信息，虽然女儿没有直接向我表露什么，但我看得出，女儿的心情比前一段显然要放松多了。她每天放学回家，在房间里走来走去，嘴里都会轻声哼着流行歌曲。她这一小小的可喜变化，令我感到欢欣鼓舞。我趁热打铁继续对女儿进行全方位的笑话轰炸。

我本以为，女儿只会一味地接收和索取我给予的精神食粮，万没想到，她竟然也懂得回报。一天下午，我正在单位整理材料，手机响了一下，我不知道谁发来的短信，赶紧打开一看，哇！是女儿给我发来的一则笑话："一位儿子对爸爸说：'爸爸，小华的爸爸游泳游得可好了，你怎么不会呢？'爸爸回答：'小华的爸爸总是吃鱼，所以会游泳。爸爸不常吃鱼，怎么会游泳呢？'儿子又说：'可是，爸爸你总吃鸡，你会下蛋吗？'"这一刻，我很开心也很激动！要知道，能得到女儿的回复，说明她愿意与我进行这种方式的交流。

我马上从办公桌的抽屉里翻出早已准备好的一本《幽默精选册》，选了其中的一条幽默对话发送给女儿。

20多分钟后，我再次收到了女儿回复的又一则笑话。看着女儿回复的笑话，我很是开心。

让我感到更开心的是，晚上在家里，我准备从书房的电脑里给女儿发送刚刚下载的一则校园笑话，猛然间，发现自己的电子邮箱里有一封邮件。我急忙打开，原来是女儿发来的又一则笑话："晚餐时，老公抱怨老婆煮的菜太难吃。老婆说：'你娶的是老婆，不是厨师！'晚上睡觉时，老婆说：'楼上有怪声，你上去看看。'老公说：'你嫁的是老公，不是警察！'"读了这个笑话，晚上睡觉时，我讲述给妻子听，我两在床上笑翻了肚皮。

第二天吃早餐时，女儿红着苹果似的脸蛋正眼看着我说："爸爸，我的那个笑话，不是针对你和妈妈的。"这是女儿几个月以来，第一次主动找我说话，我马上迎着她的目光说："爸爸知道。哎，你发给爸爸的那些笑话是从哪儿找来的？"

女儿随即从书包里掏出一本笑话大全，毫不隐瞒地说是从那上面摘录的。

我拿过书一看，这正是上次推荐给女儿而被拒绝接受的书。

经过一段时间与女儿的笑话信息交流，我感觉女儿的沉默寡言渐渐被喜笑颜开所取代，快乐的情绪又重新布满她的脸上。

◆ 网上"快乐邮件"，留学女儿把欢乐信息传回国内

女儿就读高三，在我几年"快乐教育"引领下，已经变成一个笑口常开的女孩。她除了时常给我发送各类笑话短信外，还把自己辑录的幽默信息发送给同学和老师，也让他们一同享受快乐的信息。

由于女儿整天沉浸在快乐的情绪中，她的学习成绩又恢复到了往日的良好水平。尤其女儿的英语成绩特别优异，在班级里始终名列前茅。

五一节那天，女儿所在的高三（6）班组织学生到龙虎山去郊游。在龙虎山游玩时，几位从澳大利亚来的"老外"在导游的引导下正在游玩。

恰在这时，女儿的同学正好从这儿经过。其中一位"老外"用英语向两位同学问话，可这两个同学根本听不懂他说什么。而此时，英语老师又不在身边，同学们只好把女儿这位班上的英语尖子推了出来。

女儿很大方地用流利的英语口语与他进行了对话。那位"老外"见女儿的英语说得很到位，笑着竖起了大拇指，夸奖道："中国小同学，你的英语口语顶好！有机会的话，到我们国家去深造，会对你更有帮助的！"

正是这位"老外"的话触动了女儿的出国欲。当晚回到家里，女儿向我提出了要求："爸爸，我想到澳大利亚去读书！我想真正提高自己的英语水

平，学成之后再回来报效祖国。"女儿很有雄心壮志地表达自己强烈的出国欲望。

我的姐姐几年前已在澳大利亚的墨尔本定居。为了满足女儿求学的心愿，我想给姐姐打电话，让她帮助女儿联系一所学校。可女儿不同意我这么做，她说："学校的事，我自己会联系，姑姑那儿，只要帮我暂时解决吃住的问题就可以了。"

在女儿的提议下，我便按她的意思去办了。

几天以后，女儿果然自己行动起来。她首先在互联网上查阅墨尔本有哪些大学，以及这些大学对入学者都有些什么要求。等了解了基本情况之后，她按照上面的要求，把自己在国内学校能证明英语成绩已达到5.0分，以及相关的"业绩"传真给她选定的学校。

一个月后，女儿收到了申请的墨尔本皇家理工学院的雅思考试通过录取函。

很快，女儿如愿以偿地飞往澳大利亚的墨尔本就读大学。

来到异国他乡后，女儿首先面临着生活和学业双重压力。尽管如此，受过"快乐教育"的女儿很快调整好自己的心理，她始终抱着乐观的态度应对遇到的烦恼。

一天晚上，我从网上看到了女儿发来的电子邮件："爸爸，我来到墨尔本已经两个月了。开始有点不太适应这里的生活方式，而且大学里的课程设置与国内也有很大的区别。可我想，既来之，则安之，在诸多的不适应中，我学会了自娱自乐。一有空闲时间，我就阅读一些幽默风趣的文章，上网看喜剧电影，还与新结识的别国同学进行好笑的语言交流。有一回，我与越南的女同学用英语对话，这位越南女同学每说一句话，都要夹杂浓重的越南尾音，常常让我产生误解，同时，也惹得我笑翻了天……"

看完女儿充满快乐气息的电子邮件，我为女儿能很快自我调节心态感到舒心。

没过几天，女儿的电子邮件又飘来，她写道："爸爸，今天学校准备在圣诞节那天晚上搞一次文艺汇演，我们中国的几名同学筹划演小品，同学们让我扮演老太太的角色。你说搞笑不搞笑？爸爸，你说我能演好吗？"

我当即回电子邮件给予鼓励，相信她能演好这个角色。

圣诞节的晚上，我守在电脑前，等待女儿表演小品的好消息。夜里11点30分左右，女儿如约给我发来电子邮件："爸爸，我成功了！当我演完小品走下舞台的那一刻，全场响起了雷鸣般的掌声。文艺汇演结束后，学校组委会还向我颁发了荣誉证书和奖金。"

闻知女儿表演获得殊荣，我很欣慰，女儿长大了。

女儿20岁生日时，我一大早就给女儿发去了一张自制的电子贺卡，祝女儿在国外生日快乐！

女儿收到我的贺卡后很是高兴，她把这张贺卡下载后粘贴在自己的床头。

这天夜里12点左右，我收到了女儿的电子邮件，她向我汇报了今天在国外过生日的情况："为了隆重庆贺我的生日，我向班里几位不同国家的同学发出了邀请，晚上到唐人街的电车餐厅好好地大吃一顿。我考虑到在电车餐厅可以边享用美食，边观赏美丽街景。在生日的前两天，我特意到一家很有名气的饼屋预订了一个生日蛋糕。澳大利亚人的服务态度真不错，他们专门开了一辆小车按时送来了生日蛋糕。晚上7点左右，我们一行六人坐在了一辆行驶的电车餐厅里。意大利的同学提议，每人除了点一份自己喜欢吃的美食外，还可以要一杯红葡萄酒。7点半钟，同学们正式为我"过生日"。我预订的生日蛋糕摆放到了小方桌的中央，意大利的同学用打火机点燃了插在上面的小蜡烛，然后，泰国的同学摁响了随身携带的小型收录机，里面即刻飘出了英语乐曲《祝你生日快乐》，同学们随音乐用英语齐声唱了起来。他们一边唱，一边让我吹生日蛋糕上的小蜡烛。等我吹灭了所有的小蜡烛后，同学们就拿起刀叉分割生日蛋糕。有的同学吃蛋糕时，弄得一脸像'小花猫'似的，惹得其他同学大笑不止。我们随着电车餐厅前行，一路吃着美食，一路欢歌笑语，那种快乐的情形是我一辈子也忘不掉的！"

想象着女儿在异国他乡快乐地过生日，我的眼眶湿润了。

转眼到了元旦的晚上，我在网上收到了女儿发来的两张图片和一封信。

一张图片是精心挑选的贺卡，上面印有祝爸爸妈妈节日胃口大开的字样；另一张是女儿笑成大花脸的开心照片。

信上写道："送给亲爱的爸爸妈妈一个'老外'的笑话——有两个人被非洲的一个食人部落抓住，被剥光了衣服放在一只装满水的大锅里，下面燃着熊熊大火。过了一会儿，其中一个人突然大笑起来。另一个人简直不敢相信这是真的，问道：'你怎么啦？我们正被活活烹煮，你竟还笑得出来！'那个人回答：'我刚刚在汤里撒了一泡尿啊。'"

看了女儿发来的这个笑话，我和妻子笑得前仰后合，在女儿快乐信息的传递下，欢欢喜喜地过着佳节……

父母借鉴 ///

文中的父亲看了女儿写的信，知道了女儿整天郁闷的根源，他决定对她进行"快乐教育"。他通过手机、电脑等方式不失时机地向女儿发送幽默风趣的信息。经过一段时间的"快乐教育"，使女儿走出了郁闷的情绪，成了一个开朗的快乐女孩。她并且把这种快乐的情绪带到了海外的校园里。

第六章
"制冷计"：母亲对自大女儿的"偶像教育"

口述：童沁虹，某集团公司管理人员

◆ 女儿是个狂妄自大的人

自从女儿季莲蔚上幼儿园起，到小学到中学，凡事我总是向她灌输"你行！你一定能够做得最好！"。我本以为对女儿的"自信教育"会使她对人生始终充满自信心。

没想到，就在女儿读高一时，我猛然发现，女儿身上的自信出现了变异现象，有狂妄自大的征兆。

一次语文测验时，女儿写的一篇记叙文《我眼中的校园》，20分的作文只得了8分。当女儿拿到评了分的试卷一看，很是恼怒，竟然到语文老师的办公室去论理，说老师打分有问题，还说自己觉得这篇作文至少应该得18分以上。面对如此感觉良好的学生，语文老师当即批评了女儿，说她骄傲自大、不谦虚。女儿不服老师的批评，当场与他辩驳起来，看着女儿因自我感觉良好而涨红的脸，语文老师大摇其头。

女儿的骄傲自大还没有完，在学校，每次对数学老师布置的数学题，她都觉得很费事，便私下找了两个要好的同学，对她俩说："我有个想法，以后我们三人合伙，各做1/3，做好后，相互对抄，这样大家不就省事了吗？"两个同学接受了女儿的"策划"。有一天上午，上数学课时，数学老师布置了七道数学题，女儿自告奋勇地揽下了三道题，她迅速地做完了，就让其他两位同学拿去抄。在这次"三人合作"中，没想到出了差错，其中一位同学两道数学题全做错了，造成了女儿和另一位同学被老师处罚。过后，女儿怒骂这位同学是个"大笨蛋！""大蠢猪！"，并且把她从"三人帮"中剔除出去。这位同学受不了女儿的"炒鱿鱼"，一气之下，到数学老师那儿告了女儿"私结抄袭同盟"的状。女儿立刻被老师叫到办公室，严厉地质问她为什么要合伙抄袭。不想，女儿却大言不惭地说："因为，我觉得你布置的那些数学题太简单了，没必要浪费时间、浪费我的脑细胞！我这是一种提高学习效率的好方法！省下时间可以做更多有意义的事。"数学老师惊讶的同时，气愤地说："你这是聪明反被聪明误！会害了你自己的！"

女儿的学校开家长会，班主任向我提起了女儿发生在学校里的事，说她最近以来很狂妄自大。听完班主任的反映，我为女儿的自以为是深深地倒吸一口冷气！

我冷静地分析了女儿自大行为的原因，除了大的社会背景外，也与我对她的过分自信教育有关。扭转女儿的变异行为，成为我的当务之急。

我寻思，要找到一个能够让女儿容易接受的方法，帮助她逐渐摆脱自大行为。经过回忆和观察，我发现女儿对当今的一些新锐名人很是关注，尤其是娱乐界和体育界的名人，有不少是她心目中的偶像。

◆ 我抛出"偶像教育"

我暗自决定，打算收集有关名人在为人处世方面的媒体报道，准备抓住名人大做文章。一天傍晚，下班后，我来到一个书摊前，有意识地翻阅了一些娱乐杂志，从中找到了一篇题为《我是明星，我是普通人》的纪实特稿。该文介绍这位演艺界的明星在生活中谦虚做人的动人故事，我当即购买下来。

回到家里，我把这本杂志上的动人故事拿给女儿看，谁知，她只草草地翻阅了一下，便不以为然地把它丢在沙发上说："这都是那些娱乐记者故意作秀和抄作，想吸引老百姓的眼球，我才不信他有这么虚心和高尚呢！"

我本以为这些女儿感兴趣的人物报道能打动她，不想，反倒被她贬损了一通。

初次尝试"偶像教育"没效果，我心想，也许女儿对这种白纸黑字的名人报道真假有成见，要么改换一种眼见为实的方式，她可能会接受。于是，我选择了电视这种直观的媒体。

我了解到，中央电视台的《艺术人生》和《名将之约》两个栏目时常会介绍一些名人的成长故事。我知道，女儿对体育明星郭晶晶这位跳水皇后历来崇拜有加。一天，我从电视报上得知，《名将之约》即将播放郭晶晶的成长故事。到了节目播放的这天，我邀请女儿一块观看。当节目主持人问及郭晶晶平时是怎样与朋友相处时，郭晶晶很爽朗地说："我始终尊重对方的感受，从来不把自己的思想强加于人，我们是在平等的基础上建立友情的。"在郭晶晶说这番话时，我注意观察了女儿的反应，她脸上涌起了羞愧的红晕。我马上引导她说："你看人家郭晶晶，都这么有名气了，为人处世还这样平易。"不料，我的话刚一落下，女儿的自大毛病又复发了，她强辩说："我要是郭晶晶，我也会这么作秀地对观众说。"

又过了几天，女儿喜欢的主持人董卿做客《艺术人生》，我再次邀请女儿一同观看。其结果，女儿仍然是那种"我要是她，也会这么作秀说"的评价口气。

面对女儿"顽固不化"的自我感觉良好，我大摇其头。

借用眼见为实的电视媒体进行"偶像教育"也没有打动女儿，尽管我有些失望，但我毫不怀疑"偶像教育"对女儿的引导作用。

在我生活的这个中等城市，时有艺术团体来此巡回演出。深圳的一家歌舞团准备来本市献艺。我得知此次前来演出的还有一位新锐歌星，这位歌星是女儿所崇拜的明星之一。我想抓住这次机会，让女儿与所崇拜的明星近距离接触。

我预先和文化单位的朋友打了招呼，把我想对女儿进行"偶像教育"的意图告诉了他，得到了这位朋友的赞同。

五一节前夕，我与女儿一同前往剧院观看了歌舞团表演。演出结束后，我带女儿去见她崇拜的这位歌星。在朋友的约见下，我们来到了歌星下榻的宾馆。可左等右等，就是不见歌星的影子。女儿有些失望地说："我早就说过，大牌明星都是有派头的，怎么会轻易见我们？！走，回家，有什么了不得！"女儿的自大毛病又发作了。一旁的朋友解释说："也许今天她太忙了，明天一定安排你和她见面！"

回到家里，我发现，女儿躺在床上辗转反侧难以入眠，我知道她嘴上很"硬"，可心里还记挂着这位歌星。

第二天中午，朋友果然约到了新锐歌星。当卸了装的新锐歌星出现在我们面前时，她的第一句话就是："很抱歉，昨晚我失约了！小妹妹，你不会生气吧？"说着，她很友好地抬手抚摸了女儿的头。一向自大嘴硬的女儿竟然自卑拘谨起来，她不敢正眼看歌星。而此时，歌星却用平易近人的语气问女儿："小妹妹，你读几年级啦？是不是也喜欢唱歌？"女儿红着脸，表情很拘谨地回答了歌星的话，那一贯骄傲自满的口气荡然无存。

随后，新锐歌星拿过女儿要求签名的笔记本，边签上名字边和颜悦色地与女儿唠家常。

回家的路上，我问女儿与新锐歌星接触的感受。女儿第一次表露出对"名人"谦虚做人的认可："尽管她名气很大，可没有一点架子，说话像位大姐姐似的，很亲切。看来，明星也是吃五谷杂粮的普通人。"

这番评价从女儿口中说出，表明女儿开始接受我的"偶像教育"。

◆ 谦虚的女儿走出狂妄自大

国庆节，又有一家北方的演唱团体来本市演出，我如法炮制，仍然创造机会，让女儿与她所崇拜的明星近距离接触。结果，像前次那样，她受到了日思夜想的一位明星亲人般的接见。过后，女儿感触颇深地评价道："以前，我总认为这些明星很有成就，一定是那种刀枪不入的圣人，高高在上，不可一世。现在，我才认识到，做了明星也应该有爱心、同情心和平常心。"

面对面的"偶像教育"取得成效后，我趁热打铁，再次把电视媒体报道的一些"名人成长故事"推荐给女儿看，这回，女儿很乐意地接受了。一天晚上，我陪女儿看《焦点访谈》，节目报道了身患绝症的深圳歌手丛飞，他以自己并不稳定也不丰厚的收入，资助了178个贫困学生。看完这个节目后，我发现女儿满脸挂着泪珠，显然她是被丛飞的义举感动了。我试探性地问女儿作何感想。要在过去，女儿肯定会说："我要是他们，也会这么作秀。"而此时此刻，女儿声音颤抖地说："太感人了！"

为了扩大教育"战果"，一个双休日的上午，我领着女儿到新华书店，专门为她挑选一些介绍各界名流成长的人物传记。此时的女儿，对于这样的"正统"书籍，非但不排斥，还拿着一本《卡耐基成功学全集》兴奋地对我说："妈妈，卡耐基的人生很精彩，他的成功经验对我有很大的启发。"我当即爽快地说："那就买下来吧。"

时间过去两个多月，我对女儿的"偶像教育"渐渐在她身上发生了好的变化。

元旦那天，女儿所在的学校举办了一次"迎新年师生文艺汇演"，她在演唱一首流行歌曲时，尽管发挥正常，可最终只得了第三名。末了，女儿仍是客观地评价自己说："看来我的水平有限，比我强的同学大有人在。"

学校又要进行测验，女儿在这次测验中，英语和数学成绩名列年级前五名。如果在以前，女儿肯定会骄傲自大，到处张扬。而这回，她却很谦虚地说："我这样一点小成绩不足挂齿，比起那些有大成就的明星来，我差远了！"

一天晚上，我和女儿正在客厅看本地的电视新闻，节目里播出一名女中学生荣获全国奥数比赛二等奖并受到教育部门表彰的镜头。女儿见此画面，很是羡慕地说："这个女生真优秀真了不起！我要向她学习，以后争取也拿个什么奖。"女儿能如此心态平和地赞赏同龄人的业绩，这显然是自信而非自大的表现，我当即予以了肯定。

女儿终于摆脱了狂妄自大。看着女儿可喜的进步，我在思考这样一个问题：在培养孩子上，我们作为父母，倡导和鼓励孩子凡事要树立自信心没有错，而且要继续发扬光大。问题在于，如果孩子的自信是建立在盲目、不切实际的幻想甚至错误的基础上，那就会使孩子滑入狂妄自大的泥潭，这种狂妄自大对孩子的健康成长是有害无益的！

父母借鉴 //

文中的母亲面对女儿的狂妄自大，她首先运用了"制冷"的手段，适时地给女儿泼点冷水，然后她又找机会让女儿与一些明星近距离接触，从他们身上感受到谦虚的品德。这样做的目的，是让女儿学会理性地评价自己、正确地认识自己。

第七章
"扬长避短计"：母亲引导"眼红"女儿走出忌妒

口述：卫素彤，某计划生育委员会副主任

◆ 惊现"死亡笔记"，我查明女儿忌妒的根源

我的女儿蒲月沁就读初中三年级，她是班里的学习委员，学习成绩在班里一直名列前茅。可近段时间以来，她的各科成绩呈直线下降的趋势。

为了寻找女儿成绩下降的原因，一天下午，我特意向单位请了半天假，来到中学。我没有惊动女儿，而是直奔教师办公室，见了女儿的班主任，想从她这儿了解情况。

班主任直言不讳地告诉我，女儿这个学期以来，原本活泼的她变得很沉闷，作为学习委员，对待同学，她没有以前那么主动地进行交流，也不积极参加班里的一些集体活动，不愿与老师进行沟通。

与班主任交谈后，虽然知道了女儿在学校里孤僻的情况，但仍然没有寻找到女儿沉默寡言的根源，这让我整天寝食不安。

就在不知如何掌握女儿真正的心理活动时，一个双休日的上午，女儿去学校补课了，我在家里打扫卫生。当我走进女儿的房间，正准备给她整理写字台时，一本封面为"死亡笔记"的本子吸引了我的眼球。

虽然知道不能随便看别人的日记，但担忧的心理使我拿起了"死亡笔记"，打开首页，猛然间，我看到了一行触目惊心的句子：我诅咒季闽云早早地死亡！

当我翻看第二页时，看到了这样一段话："我与季闽云从读初中开始就是同班同学，在班上，我俩无论是学习成绩还是组织能力，总是不分高下。到了初三，我是班上的学习委员；而季闽云则是年级的团支部书记。可命运却对我很不公平！一天，上语文课时，语文老师把季闽云写的一篇叙事作文《我见到的第一抹阳光》作为范文向同学们宣读，末了，语文老师还对这篇范文进行了极好的点评。坐在下面的我，听了老师对季闽云的褒奖后，心里很不是滋味！我觉得老师也太没有眼光了，这样浅薄的作文也能做范文？！"

我又翻到第三页，女儿在文中这样写道："快到国庆节了，我们年级准备搞一次歌咏比赛。我精心挑选了一首流行歌曲作为参赛曲目，自认为能在这次比赛中获得一等奖。出乎意料，比赛的结果，与我一同参加比赛的季闽云竟然以一首古诗词朗诵夺得了一等奖，而我只得了提名奖。这样的结果，让我很伤心！我认为是季闽云的出色阻碍了我成为班里乃至年级里的耀眼明星。如果'死亡笔记'真的像日本电影《死亡笔记》里所描述的那样，可以通过文字来决定人的生死的话，我诅咒季闽云即刻从人间消失！"

读到这里，我的心提到了嗓子眼上，随着阅读的深入，我的心渐渐释然了，原来这就是女儿为什么变得孤僻而自闭的真正起因。

看完女儿的"死亡笔记"后，我把它放回原处。此时此刻，我的心情也变得沉重起来！

◆ **重塑人格，我积极疏导女儿变异的心态**

我一直以为，女儿在学校是个品学兼优的好学生，并时常在同事面前引以为荣地夸奖自己的女儿。万没想到，女儿的内心世界竟然这么"灰暗"和肮脏，这让我感到十分震惊和羞愧！

挽救和引导女儿，成为我刻不容缓的职责。如何与心理变异的女儿进行有效的沟通？经过两天的苦思冥想，我决定采取单刀直入的方式。

一天晚上，我把女儿找到自己的房间，关上房门，打算好好地与她进行朋友式的交流。坐下来后，我表情很放松地问女儿："沁沁，告诉妈妈，你的好朋友季闽云怎么不来家玩了？"

一提到季闽云的名字，女儿的脸色马上阴沉下来，她没好气地说："我俩掰了！"

我装出啥也不知道地问："为什么？"

女儿便无遮无挡地说："我不服气她，我俩哪样都差不多，她凭啥就比我得到的荣誉多？"

我又问："你们俩过去不是挺要好的吗？"

女儿毫不掩饰地回答："那是两回事。你不知道，她在学校有多神气，什么好事都让她一人占着！我本来也算是班里的佼佼者，可现在却被老师和同学们冷落了，都是因为她太抢眼，才使我这样的。"

听了女儿的一番直白，我更加明白了女儿与季闽云对抗，完全是出于严重的忌妒心理。我读大学时曾经选修过心理学，知道忌妒是自我与他人比较，发现自己在才能、名誉、地位或境遇等方面不如别人时产生的一种由羞愤、愤怒、怨恨等组成的复杂的情绪状态。

面对女儿与季闽云的"翻脸"，我决定采用因势利导的方法，引导女儿走出忌妒的变异心态，重塑她的健全人格。

我知道女儿的文言文成绩历来不错，她还阅读过不少课外古文书籍。我便提示性地问女儿："你知道孙膑与庞涓的故事吗？"女儿立马回答："知道，他俩是古代的军事家，怎么啦？"她不解地望着我。

我即刻像老师给学生温习课文似地复述道："孙膑与庞涓两人同学兵

法，可庞涓一直很忌妒孙膑的军事才能，他用砍去两条腿的酷刑加害于孙膑，最后却被孙膑设计射死。这件事，为古今天下人所耻笑。"

接着，我又搬出另一对历史人物来，说："那你肯定也知道三国时期周瑜与诸葛亮的故事。"

女儿点了点头。

我再次复述道："原本，周瑜与诸葛亮同为军事奇才，但是周瑜心胸狭窄，容不得诸葛亮，在'陪了夫人又折兵'后，哀叹'既生瑜，何生亮'，最后吐血而死。沁沁，你知道妈妈为什么给你提起这两对历史人物吗？"

女儿的脸立刻红起来，她预感我要说什么。

我很自然地把话锋一转，一针见血地说："你和季闽云原本也是一对很有出息的同学，可现在，你却因为她比你更有出息而忌妒她。妈没说错吧？"

女儿的脸更加红了，她争辩道："我……我不是庞涓，也不是周瑜。"

"妈知道，你现在还没有他们那么严重的忌妒心理，可任其发展下去，就有可能变得跟他们一样凶狠。"

听了我这话，女儿的脸上露出了害怕的表情。

"不是妈吓你！你要知道，忌妒是一种不健康的、卑鄙的、可耻的心态，轻者出现心情烦闷、神经衰弱、失眠；重者产生消极的、破坏性影响。"

这天晚上，在我事例加分析的引导下，女儿初步了解了忌妒心理的危害性。

为了加深女儿对忌妒心理危害性的认识，我打算选取身边一些有说服力的事例。

一天，本市的一家法院开庭审理一起因忌妒生恨而毁容的案件。

9点整，法庭正式开始审理这起"毁容案"。只见原告方的代理律师心情沉重地陈述了被告的犯罪事实，他说原告与被告过去是一对好朋友，因为单位职称评定的事，被告认为原告占了她的指标而失去晋级的机会，因此怀恨在心，两人在一次发生口角时，被告一怒之下，用裁纸刀凶狠地划向原告的脸部，对原告造成了较为严重的伤害。在原告律师陈述完事实的经过后，被告方的律师也作了辩解。而后，法庭经过合议庭合议，一致认定原告的证据确凿，最后由审判长宣读了判决书：判处被告有期徒刑5年，并连带民事赔偿2万元。

在整个庭审过程中，我发现女儿脸上的表情始终很沉重，她的情绪随法庭上的气氛而变化。

我在利用身边的悲剧事例向女儿灌输忌妒危害性的同时，还引导女儿进一步认识忌妒心经过自我调节与有效的控制后，能形成强大的奋斗动力，变忌妒为鼓励和打气。

我在一份晚报上读到一篇题为《我是怎样化忌妒为竞争力》的口述文章，文中主人公田老板叙述在经商过程中，因忌妒，他曾把一位姓廖的同行树为攻击的对手。在此后的经商活动中，他一次次暗地里破坏对方即将成功的生意，用他当初的话来说："我发不了财，也要让你发不了财！"终于有一天，在他准备又一次实施破坏时，被当场揭穿。这样一来，原先一些老客户，也因为他的卑劣行为而纷纷离去。落败后，他只得换一个地方经商。不过，此时的他已改变了自己的行为准则，在比自己强大的对手面前，不是采取破坏的方式，而是与对方进行正当的竞争。三年以后，重振旗鼓的他，以崭新的面貌出现在商界。今年，他被评为全市先进个体经营者。

读了这篇启发性的文章，当晚回到家里，我就把它拿给女儿看。

女儿看完后，满脸的怀疑表情，不相信地说："我们市里真有这个人？现在闭门造车的文章很多。"

为了让女儿相信实有其人其事，第二天上午，我打电话给报社，要到了文章中那位主人公田老板的手机号码，当即联系上了他，说明了自己想带女儿拜见他的意图。田老板得知，我的女儿目前陷入忌妒的困境中，他一口答应见面，并愿意现身说法。

我领着女儿来到田老板的贸易有限公司。田老板陪慕名而来的我俩参观了他公司的办公大楼、成品库房和绿化带。田老板感慨地说："如果我当初不改变自己肮脏的心态，也不可能有今天的辉煌。现在，我才真正明白，为人处世，应该本着与人为善、公平竞争的原则。"

女儿亲耳聆听了田老板的肺腑之言、亲眼目睹了他所取得的辉煌业绩，受到很大的触动，回来的路上，她深有感触地对我说："我要学习田老板，有错就改，重新认识自己。"

听了女儿这番话，我的脸上露出了欣喜的笑容。

◆ 走出忌妒阴影，女儿成了心理健康的优秀生

让女儿客观地认识自身的缺点后，我觉得有必要对她进行扬长避短的启发，让她学会辩证地看问题。

一次我的高中同学聚会，我趁此机会把女儿也带去参加。当十几名高中同学谈笑风生之际，一位女同学回首往事地说："我记得，当年卫素彤的毛笔字在全班写得最漂亮。"另一位同学否定地说："不，你搞错了，是苏启莲的字写得最好，她还得过全市中小学书法比赛一等奖呢。"这两位同学争执不下，便当场让我和苏启莲自己评价。

此时，一旁的女儿望着我，不知道我会怎样回答。我却很客观地评价了自己与苏启莲，说："莲子的行草和隶书比我写得好看，而我的篆体字写得还可以，也许是我对古文比较偏爱。"我的话音刚落，苏启莲马上给以了充分的肯定："素彤说的百分之百正确！我心服口服！"其他同学立刻表示了赞同。

女儿亲眼所见我与苏阿姨辩证地认识自己和对方，她的心里有所感触。

回到家里，我借自己与苏启莲写书法之事引出话题，向女儿灌输了每个人都有长处与短处的道理，人要学会扬长避短和取长补短。我拿女儿做事例，说她歌唱得好、字写得漂亮、文言文学得不错，这些都是她的长处；生

活自理能力差、凡事不计后果、缺乏责任心，这是她的一些短处。而女儿一直忌妒的对象季闽云，她的作文写得好、组织能力很强，这些却是她的长处，需要女儿好好学习。

接受了我的教诲，女儿说："妈，我知道自己以后怎么做了。"

此后，女儿果真调整好了心态，用实际行动来改善与季闽云的关系。

元旦期间，市新闻单位与教育部门联合举办全市中小学生散文有奖征文比赛。女儿得知这一信息后，决定报名参加。女儿听说季闽云也报了名，这更加激发了她的竞争意识。

为了能在这次征文比赛中胜出，女儿使出了浑身的解数，她苦思瞑想，精心选材、构思，最后把着眼点定在了写一篇自己在母亲的教诲下，走出忌妒困境的心路历程。

由于女儿在写这篇叙事散文时饱含着感情，文章给人以真挚、生动和有教育意义的好印象。最终，在征文揭晓时，女儿的叙事散文《母亲，你是我的心理医生》获得了中学组一等奖。

当女儿激动地拿着获奖证书和奖品兴冲冲跑回家时，我与女儿共同分享了这一幸福时刻。

尝到了公平竞争的甜头后，女儿对提高自己的写作水平更有信心了。不过，她清楚地认识到，这次获奖，并不说明自己的写作有什么了不起，倒觉得季闽云的写作基础比自己扎实，应该虚心地向她请教。

一天放学后，女儿主动找季闽云求教。季闽云是个善于帮助同学的女孩，尽管此次征文比赛的成绩不如女儿，她也没有一点忌妒心理。在女儿向她求教时，她不计前嫌，仍然耐心地与女儿探讨写作方面的心得体会，还把自己所知道的写作技巧毫无保留地告知女儿。见季闽云能够如此坦荡地与自己相处，女儿既感动又惭愧。

从此，两位班里的佼佼者又恢复了往日的友好交往，相互鼓励、平等竞争、共同提高。

父母借鉴 ///

　　文中的母亲发现了女儿的"死亡笔记"后，感觉女儿是一种忌妒心理的表现，于是，她开始为女儿做心理疏导，讲孙膑与庞涓的故事，讲《三国演义》里周瑜忌妒诸葛亮的故事，带她去法庭看因忌妒而导致犯罪的审判现场，领她去见报道中的人物，等等，让女儿亲身感受忌妒所带来的危害。在母亲的心理疏导下，女儿最终走出了忌妒心理，成为一名有宽容心的可爱女孩。

第八章
"对等计"：家庭意见箱让母女化敌为友

口述：戚巧沁，某机关主任

◆ 女儿有攻击行为，苦恼的我求教班主任

我的女儿殷笑雪是初一学生，不知从什么时候开始，这位原本乖巧、可爱的女孩，变得乖戾、挑剔和具有攻击性。

一天下午，我接到班主任打来的电话，让我火速赶往学校。不知女儿发生了什么事，我急匆匆来到教师办公室，一进门，就瞧见女儿与另一位女同学站在班主任面前接受训导。

班主任见到我，马上向我通告说："殷笑雪今天课间时，因陆莉莉不给她抄数学练习，口角之后，就动手打了她。"我侧脸一看身旁的女同学，只见她的头发被撕扯得乱蓬蓬，脸上也有道道血痕。我立刻被激怒了，不顾班主任在场，便对女儿破口大骂："你这个不争气的臭丫头！天天给我惹事生非，看我不打死你！"说着，就要对女儿动粗。

班主任当即制止道："我叫你来，不是让你来打孩子的。是希望你配合学校，对你女儿进行正确的管教。"

等女儿和陆莉莉离开办公室后，我对班主任说出了自己心里的苦恼："胡老师，你是不知道，我这女儿，不只在学校里无法无天，她在家里，也是整天与我对着干。我骂也骂过、打也打过，可到头来，却拿她没有一点办法！胡老师，你说我该怎么办？"

班主任听完我的倾吐，望着我困惑的表情，没有马上给予评价和指点，而是从办公桌上一大堆作文本里抽出一本递到我的面前，说："你看看殷笑雪写的作文吧。"

我接过女儿的作文本翻开，一行歪歪扭扭的标题"我印象中的母亲"映入眼帘。文中写道：我的妈妈是一个凶巴巴的母亲，从我读小学一年级开始，每天不是埋怨和指责我的学习成绩，就是像警察一样干涉我的一举一动，稍微不合她的要求，不是骂，就是打。在母亲面前，我说话和行动都没有自由，童年的快乐早就消失到爪哇国去了。哎，我现在生活得好郁闷，真想找些事好好发泄一下！……

读着女儿在作文中真实表露出的自己内心的不满，我的脸上一阵阵滚烫，心里也掀起了小小的波澜。

班主任见我放下作文本时有所感触，便因势利导地说："从殷笑雪的作文中，可以看出，她在家里老与你作对，在学校里时有攻击行为，追根究底，恕我直言，是由于你长期以来采用的粗暴家教方式所致。按照少儿教育心理学的说法，殷笑雪的这种异常言行表现，叫作'逆反对抗心理综合征'。要改变殷笑雪的现状，首先你自己要改变，再不能采取那种指责和动粗的简单教育方式。你可以选择一个平等的、民主的教育方式，诸如用朋友式的语气与殷笑雪进行交流；又比如寻找一个双方都能接受的某种物质方式作为"媒介"，进行思想沟通。"

我认真听取了班主任的建议，在离开学校时，我下决心回去后一定调整好自己，拿出实际行动来改变女儿的不良言行。

◆ 设置母女意见箱，增添家庭的民主气息

从学校回来的路上，我在思考采取怎样的"媒介"方式与女儿进行交流的问题。当我走到自己所居住的小区宣传栏前，一个"群众意见箱"吸引了我的眼球。站在这个"群众意见箱"前，忽然，我的脑海有了一个新奇的念头：如果在我们家里，也弄这么个意见箱，那我与女儿不就有了内心交流的"媒介"了吗？！

我回到家里后，对女儿在学校惹的事，没有像往常那样又是指责又是动粗，而是问了她一句："你爸还没有下班呀？"

准备挨罚的女儿见我一反常态，有些疑惑不解，心想，母亲今天"葫芦里卖的是啥药"？

吃过晚饭后，我把女儿叫到自己的卧室。以为母亲要与自己算账了，她胆战心惊地跟进房间。

把房门关上后，我"笑比哭好"地对女儿说："妈妈今天不想骂你！"

女儿一听这话，悬着的心放了下来，眼睛滴溜溜地望着我。

我先自我检讨了一番："过去妈妈对你的态度不好，这是妈妈的不对！以后，即使你犯了错误，妈妈也不会再打你骂你！"说到这儿，我停顿了一下。

女儿更加疑惑不解了。

我接着说："妈妈有个想法，打算在家里设置个意见箱。你对妈妈有什么意见；妈妈对你有什么看法，我俩都可以写下来，投进意见箱里。你看这样行吗？"我用征求的目光盯着女儿。

听了我这番话，女儿眼睛眨了眨，脑瓜子转动了一下，然后点了点头。

我见女儿同意了，很是高兴。

两天后，我把一个木制的意见箱抱了回来，挂在客厅的房门背面，然后，郑重其事地递给女儿一把钥匙说："你和妈妈各一把。从今天开始，我俩就实行批评与自我批评。"

女儿见我动真格的，望着款式精巧的意见箱，眼睛闪亮着，似乎在想，自己总算有一个向母亲宣泄内心不满的地方。

当天晚上，女儿坐在自己的房间里，埋头写下了第一封对我的批评信："妈妈，我对你有很大的意见！每次我不管在学校还是在家里，只要做了一丁点出格的事，你不分青红皂白骂我责备我。说心里话，我也不想与你顶撞，可我实在受不了你的恶狠狠！我现在很怕回家，很怕看你发怒的样子。"

第二天早晨，女儿上学前，就把批评信投进意见箱。

中午时分，我下班回到家里，第一件事就是打开意见箱，从里面拿出了女儿的批评信迅速看了起来。吃过中饭后，我给女儿写了一封短信："小雪，妈妈过去对你的做法确实过于粗暴了，以后一定接受你的批评，不再大声吼叫，也不再指责你。如果妈妈不改正的话，你可以再次向我提意见！"

傍晚时分，女儿放学回来后，打开意见箱，掏出了我的回信，走进自己的房间。当她读完我的短信后，脸上露出了久未有过的笑容。

女儿放下书包，又给我写了第二封信："妈妈，我虽然不是个听话的女孩，可我是个聪明的女孩，邻居的老奶奶老爷爷、大叔大伯都这么说。可你总是看到我不好的一面，看不到我好的一面；还有，我虽然学习成绩总是七上八下不稳定，可我每次总想努力去做好，而你却次次打击我的积极性。我真希望妈妈能像童菲菲的妈妈那样，每次她遇到不顺心的事，她的妈妈总是给予肯定的微笑和鼓励。有时候，她犯了错误，她的妈妈也只是说一句'以后可要改正呀'。"

我很快收看了女儿的信，当即提笔写下："你没有说错，过去妈妈对你的态度确实偏激了！妈妈静下心来想，你的身上还是有不少可爱的东西。比如，你对爷爷奶奶有孝心、对比你小的孩子有爱心。你放心，妈妈会慢慢变得像童菲菲的妈妈那样。"

女儿也很快读了我的回信，她对我第一次能够给予她客观的评价感到满意。

接下来的一段时间，女儿与我几乎天天都有纸条交流。有一天晚上，女儿的班主任打电话给我，向我反映女儿这两天上课时不用心听讲，时常拿出镜子来描眉画唇。我听了老师的通报后，要在过去，准会对女儿大发雷霆，又吼又叫地指责她。可这次，我没有这么做，采取了给女儿写批评意见的"文雅"方式。我在纸条中这样写道："小雪，妈妈知道，爱美之心人皆有之的道理，妈妈对你喜好梳妆打扮并不反对。问题是，如果你上课时也分神去做这件事，妈妈就不赞同了！因为你现在是学生，主要精力应该放在学习上才对，你说呢？"

我的这张纸条，女儿是在第二天中午读到的，她连读了三遍后，便提笔给我回了信："妈妈，我错了！我不该在上课时照镜子。以后，我不会再犯这样的错误了！"

当晚，我看了女儿的检讨信，为自己采取这种文雅的教育方式收到初步成效而感到快慰。

没过几天，稳定性不够的女儿在学校上课时与同学交头接耳。在受到后面同学的指责后，她竟然"老毛病"重犯，下课时与那位指责她的同学"较真"，除了骂难听的话，还动手推了那位同学。

当我从班主任那儿得知这一情况，片刻的情绪激动之后，我的脑海里马上想到了"不能再用过去责备埋怨的方式"。冷静下来后，我拿起钢笔，迅速在纸条上写下了："小雪，妈妈今天对你有意见！你不是曾经向妈妈保证过，以后上课一定要好好听讲吗？可你今天在学校的不好表现让妈妈感到很失望！当然，妈妈也不想再指责你、再埋怨你，只要你自己认识到了所犯的错误，妈妈还是能够原谅你的！"

女儿傍晚放学回家后，读了我情绪激动写下的批评纸条，呆在自己的房间里好长时间进行反思，"悔过之后"，她给我回了信："妈妈，我再次向你承认错误。今天是我不对，上课不应该讲话，不应该谩骂和动手推同学。谢谢妈妈给我改正错误的机会！我发誓，以后如果我再这样做的话，就不是你的女儿！"

我采取"文雅"的方式教育女儿再次奏效，这更加让我痴迷意见箱的神奇魔力。

随后的两年多时间里，我或者女儿，只要心里有什么想法和看法，就会把它诉诸笔端，用文字的形式来表达自己的内心活动。

◆ "化敌为友"，母女和睦相处

意见箱的神奇作用，在我的家中已开花结果。

原来，我与女儿的交流一直处于"敌对状态"：我隔三差五就要对女儿进行轰炸式"洗脑"；而女儿对于我的"狂轰滥炸"始终"负隅顽抗"，这只耳朵进，那只耳朵出，事到临头，她照样我行我素。我们之间形成了对抗与反对抗的局面。

而现在，女儿像换了个人似的，对我的态度有了360°的大转变。

一个双休日，吃晚饭时，已读初中三年级的女儿对我说："妈，我想今晚请你去看一场电影。"

我以为自己的耳朵听错了，紧紧地盯住女儿的眼睛，说："小雪，你再说一遍。"

女儿咬字清晰地重复了一句："我想请妈妈今晚去看周迅主演的新片《那时花开》。电影票我已经买好了！"说着，她举着两张电影票在我的眼前晃荡着。

我听清楚了、看清楚了，我的眼里有了被触动后的湿润，要知道，自女儿上小学后，我们母女俩从未进过电影院或去过其他娱乐场所，更别说女儿请我看电影。

吃过晚饭后，女儿主动挽着我的手走出家门，朝电影院方向奔去。一路上，我俩形影相随，令路人无不羡慕咋舌。

成绩报告单或告家长书历来是女儿的一块心病。她清楚地知道，我一接触到这些"白纸黑字"的证据，成绩考得漂亮时，我对她脸上只有淡淡的微笑；如果考得马马虎虎，甚至考砸了，那我会像暴怒的母狮子让她几天都不得安生。

可当女儿拿到滚烫的中考成绩报告单那一刻，尽管她有三门功课只得了B，还有两门功课是C，而此时的女儿却没有了过去那种"恐母症"的心理。她在第一时间跑回家里，又第一时间把不尽人意的"白纸黑字"呈送到我面前，听候对她的裁决。

我冒着冷汗看完"白纸黑字"上的所有成绩，再明白不过，女儿要想进重点中学就读，无疑是水中捞月。但我不是过去的我，指责、埋怨外加狂怒已经远去。取而代之的是心平气和地对女儿说："既然你已经尽力了，妈妈也没什么可抱怨的！读普通高中，只要在原有的基础上，你再加把劲，妈妈相信，你会有好的未来。"

见我如此通情达理，女儿惭愧的同时，充满信心地向我再次发誓："妈妈，你放心，即使去了普通高中，我也会迎头赶上，好好学习天天向上，给你也给我自己争回面子！"

9月1日，女儿进了一所极其普通的中学就读高中，正如她发誓所言，到了这所学校后，她好学上进的气势如虹，上课认真听讲、做笔记，下课用心温习，向老师和同学讨教。原来女儿的数学成绩总是在70分到80分这道门槛上徘徊，经过加大力度的自觉努力，她竟然在一次期中考试时达到了97分的极限。

一天晚上，学校开家长会，我从新的班主任口中听到对女儿各方面的良好评价，那份高兴劲，无法用言语表达。

参加完家长会回家的当晚，我就给女儿写了一封有感而发的信："小雪，妈妈真的为你能够克服自卑心理，找到自信心而由衷的高兴！也为你能刻苦学习，并取得优异的成绩而感到骄傲！妈妈有理由相信，我的女儿今后会做得更好！"

信写完后，我就把它投进久未使用的意见箱。

第二天一大早，我上班之前提醒女儿说："小雪，今天你记得开意见箱看看。"

我上班去了，女儿忐忑不安地开启了意见箱，从里面拿出了折好的纸条，展开后，反复阅读了我的"白纸黑字"，这回轮到她掉眼泪了，那是一个女儿为母亲对她的欣赏而泪如雨下。

如今，意见箱仍然悬挂在我家客厅的房门背面，所不同的是，当初的意见箱里盛满了我与女儿批评与自我批评的文字；而现在，这个意见箱里，却装载着我们母女俩相互信赖、相互欣赏和相互鼓励的言词。

父母借鉴 //

当文中的母亲与女儿之间的"代沟"出现交流的困难时，母亲反省了自己过去对女儿不正确的教育方式，她决定改变自己，寻找到了一种适合她们母女交流的方式——在家中设立一个意见箱，双方通过书信交流，从而达到化解母女交流障碍的目的。

第九章
"励勇计"：父亲对儿子进行"挑战自我训练"

口述：易桐，某房地产开发公司经理

◆ 我的苦恼，儿子患上了"恐高症"

我的儿子易云天天生胆小，这是我万万没想到的事。一个双休日，我与妻子抱着两岁的儿子到儿童乐园去玩。当我们来到一处溜溜板的器械前，这儿正有许多儿童在欢叫着玩耍。我让妻子抱着儿子上去把他往下溜，不想，儿子一到高处，竟吓得哭了起来，并紧紧地抱住妻子。妻子无法把儿子放到溜溜板上，只好抱他下来。

一看这情形，我有点生气地说："让我来试试，我就不信，他的胆有这么小。"我接过儿子重新登上了溜溜板。儿子再次大哭，死死地搂住我，闭着眼睛不敢看下面。

妻子叫了起来："算啦，别吓住孩子！"

我不管儿子的大声"哇哭"，直接把他放到溜溜板的滑道上，这时候，儿子顺着溜溜板往下滑去，他像失去救命稻草似的惊恐地哇叫。

这次，我虽然把儿子好好地"训练"了一番，可结果，却为此吓出病来，一连几天处于惊恐状态中，而且高烧不止，我们两位大人只得把他送到了医院打点滴。妻子不断地责怪我太狠心了！

看到儿子这副可怜的样子，我对妻子的话没有反驳。

儿子得了"恐高症"，随着他年龄的长大，这种症状不但没有消失，反而越来越明显。

儿子读幼儿园了，因我和妻子工作都很忙，只有让儿子"半托"，中午在幼儿园吃饭和午休。"半托"的第一天下午，我一下班后就赶到幼儿园去接儿子。当我走进幼儿园时，儿子的任教老师马上过来对我说："你的儿子太难管了！"

我问原因。老师说中午安排午睡的床位时，儿子就是不肯到上铺去睡觉，而且还哭着要回家，闹得其他小同学都睡不好觉。我一听这话，立刻告诉老师说："不好意思，我忘了和你说，我的儿子有'恐高症'，他睡上铺可能不合适。"老师听我这么一说，也就不再吱声了。

儿子的"恐高症"一经在幼儿园的班上传开，就有顽皮的小同学给他取了个"老鼠胆"的外号。

有一次，老师带领全班同学到"未来世界"去搞游戏活动，在老师安排同学们玩过索桥的项目时，前面已经有不少同学都大着胆子走过了索桥。当轮到儿子过桥时，他竟站在桥头不敢迈步上桥，老师在下面鼓励他说："易云天，不用怕！老师在下面保护着你，你大胆地往前走！"

在老师的鼓励下，儿子闭着眼睛慢慢地挪着步走向了索桥，他走了不到1米多，忽地睁开眼睛，一看下面，惊叫起来，随即两腿发软，再也不敢往前挪动半步了。

跟在儿子后面的同学催促他说："老鼠胆，快走哇！"儿子说什么也不敢往前走。后面的几位小同学只好挤着他的身子走向索桥，就连一位个头比儿子还矮的女孩子也胆大地走完索桥。

儿子是在老师亲自上去后把他连抱带推地护送过索桥的。

这次过索桥游戏，不仅让儿子在班里丢尽了脸，还让我这个做父亲的也跟着没面子。一天晚上，幼儿园开家长会，一位小同学的父亲笑着对我说："我女儿回家说，你的儿子有'恐高症'，他连索桥都不敢过，还要老师抱着过去。看不出来，你这么身强力壮，竟然生了个胆小的儿子。"

听了这位父亲的话，我的心里很不是滋味！一种强烈要改变儿子形象的欲望在心中升腾……

◆ 家教方案，我对儿子进行"挑战自我训练"

我过去是个体育爱好者，有能力帮助儿子克服"恐高症"的心理。

参加家长会回来的当晚，我就伏案拟写了一份训练儿子的计划。我把这份计划称之为"挑战自我训练"，专门挑选一些能够让儿子胆大起来的项目作为训练目标。

妻子听说我要对儿子"下毒手"，极力反对说："你不要忘了，儿子两岁时让你吓出病来的事。"我反驳妻子说："就因为我们太溺爱儿子了，所以才造成他一遇到畏惧就寻找保护，不能自己去克服困难。这样做并不是爱他，而是害他！"

妻子一时难以接受我的观点，我只有我行我素地实施"挑战自我训练"计划，要用事实来使妻子感觉到，我这样做是正确的。

按照"挑战自我训练"计划，第一步计划是对儿子进行"洗脑"工作。"恐高症"主要源于心理障碍，要帮助儿子战胜"恐高症"，就得引导他排除心理障碍。

一个双休日，我带儿子到业余少年体校去看少儿跳水训练。我俩来到了一处大游泳池的跳台旁，我一边陪着儿子看，一边向他解说道："你看这些小朋友胆子多大，他们这么小就敢从10米板的跳台上跃入水中。天天，如果爸爸把你放到那个跳台上，你敢不敢往下跳？"儿子吓得忙摇头："爸爸，我怕！"我对儿子说："其实，这没什么可怕的。"

说着，我领儿子走到一位正从水里上来的小运动员面前。我当着儿子的面问那位小运动员："小朋友，你今年多大了？"

小运动员回答："8岁了。"

我接着说："哦，比我们天天大2岁。你是从什么时候开始学跳水的？"

小运动员答道："我3岁学游泳，6岁学跳水。"

我夸奖他说："看不出来，你已经是老运动员了！那你从这样高的地方跳下来，一点都不害怕吗？"

小运动员如实地说："刚开始有些怕，可慢慢的就不怕了，现在从上面跳下来，我就好像坐在飞机上往下飞一样，真的好玩极了！"他说得那么轻巧和好玩。

这时，我看见身边的儿子也被他描绘的景象所感染，用一种羡慕的目光望着他。

有了这次让儿子与同龄人近距离的接触，以后的几天里，我还领着儿子到了游乐场去看蹦极和冲浪，也用同样的方法让儿子与玩耍的同龄人进行直接交流，使儿子从这些"小勇士"的身上感受到登高并不可怕。

经过一个多星期的"洗脑"工作，多少消除了儿子对登高的畏惧心理。

第二步计划是"手把手"地训练儿子。我带着儿子来到了"未来世界"的索桥前，这是儿子曾经大丢面子的地方。儿子一见索桥，就有一种惧怕的心理反应。

我对儿子说："爸爸先陪你走两次。"我一边说，一边陪胆战心惊的儿子走了两个来回，末了，对儿子说："现在轮到你一个人走过去。"儿子还是有点惧怕，拉着我的衣服说："爸爸，我不敢！"我说："你还记得那位跳水的小朋友说的话吗？开始有点怕，慢慢就不怕了！"

儿子想了想，绷紧的表情松弛了些，我趁势把儿子往索桥上推："天天，勇敢点！"在我的激励下，不知哪儿来的勇气，儿子竟然迈开了脚步，直挺挺地走在索桥上，不一会儿，他就走到了桥的尽头。

我高兴地竖起了大拇指夸奖道："好样的！天天，你再走回来。"尝到了勇敢甜头的儿子又迈开了脚步朝我走来。当儿子回到我的面前时，我情不自禁地给了他一个重重的亲吻奖励！接下来，我又让儿子反复训练着过索桥。

初步取得战果后，我马不停蹄，对儿子进行连续性的"手把手"训练，带他去坐过山车、去冲浪……

这种常规式的训练进行了一个多月，基本上消除了儿子登高时的惧怕心理。

第三步计划称之为"挑战自我训练"了。首先选择蹦极这一训练内容。我知道，蹦极是当今一些娱乐场所里时髦而刺激的项目，有不少的新新人类都喜爱这一时尚的活动。就因为蹦极能把人在瞬间从地面抛至40多米的高空，经往复式反弹，最后复原，使人在享受到惊险刺激的同时，得到体能和意志上的锻炼。这一项目对培养儿子的勇敢坚强和意志坚定是有好处的。

我与儿子来到了公园的"火箭式蹦极"场地，据操作人员说，"火箭式蹦极"每次只能乘坐两人。我们只好排队等候着前面几对玩耍者结束。在等候的过程中，我不断地给儿子灌输："你看那两位小朋友玩得多开心呀，爸爸相信你现在也能在上面玩得开心。"

半个小时后，轮到儿子上阵了，只见他脸上出现了犹豫的表情，我给他鼓励："去吧，你能行的！"

儿子坐上了蹦极，他表情仍然显得很紧张，这毕竟是他第一次单独出征，而且高度对他来说达到了极限。我握着拳头向他挥舞着，示意他能行。

"火箭式蹦极"启动了，儿子在一瞬间被抛向了空中，他随即大叫一声。看着儿子在上面摆荡着，我的心悬了起来。十几分钟后，蹦极回复到原来的位置。当儿子从上面下来时，我问他："好玩吗？"我本以为儿子会说："吓死人了！"没想到，儿子竟然说出："爸爸，我还想坐。"

一听儿子提出这样的要求，说明他已经跨过了"恐高症"这道坎。

　　为了进一步巩固取得的战果，我一上午就让儿子坐了三次"火箭式蹦极"。

　　我通过对儿子近一年"挑战自我训练"，可以说，已彻底地消除了他的"恐高症"。

　　儿子上小学了，我打算送他到业余少年体校去接受系统性的专业训练。我到体校给儿子报了名。依照体校的课程安排，儿子每星期的一、三、五下午下课后和双休日，都要到体校去训练。体校训练的内容有游泳、跳水、跳马、单双杠和短跑等，这些项目正好能锻炼儿子的体能和毅力。

　　由于儿子在进体校之前，我给他进行过"挑战自我训练"，他一到体校，很快就适应了跳水、跳马和单双杠这些"恐高症者"难以接受的训练内容。一天晚上，儿子训练完单杠，回到家，我问他单杠害不害怕，儿子摇了摇头说："我一点也不怕，教练还表扬我的动作做得标准呢！"说这话时，儿子一副骄傲的表情。

　　一次，我抽时间到体校去看儿子训练。当我走进体校训练大厅时，远远地看见儿子在教练的指导下，正双手抓住单杠做着空中转体180°的动作训练。我没有去打搅他们，而是坐在一个角落里，静静地观看着儿子那认真训练的样子，我想，如今儿子确实已经彻底地克服了"恐高症"的心理障碍。

　　儿子在体校训练已有五年了。一天傍晚，儿子从体校回来对我说，教练准备带他们去搞夏令营活动，他还说教练讲，在这次夏令营中要训练他们跳伞、攀岩和在大河里跳水。

　　一听这些"惊险"的训练项目，我这个体育爱好者不由得吸了口凉气。当然，我的心理活动不会在儿子面前表露出来。

　　当晚，我趁儿子不在身边时给教练打了电话，与他交流了这次夏令营活动的一些事宜。在了解到教练明确的训练意图和安全措施后，我才放心让儿子去参加这种冒险性的夏令营活动。

　　几天后，儿子与体校的队友在三位教练的带领下出发了。儿子走后，妻子一直为他牵肠挂肚，我没有告诉她儿子此去的训练内容，怕会给妻子增加心理负担。

半个月后，儿子终于参加夏令营活动回来了。瞧见晒得黑了一圈的儿子很"精神"地站在面前，我一拍他的肩膀："天天，给爸爸说说你这回在外面的感受。"儿子余兴未消地向我讲述了他的训练结果，他说在云梦山的一座较为陡峭的山岩前，教练对他们进行了攀岩训练。

这个项目训练了两天后，教练让他们四人一组进行比赛，每组的头两名进入前八名，他分在第三组。当轮到儿子比赛时，他使出了吃奶的劲快速地往上攀登，最后获得了这一组的第二名进入前八名。在半决赛中，儿子得到了全队的第四名。对于这样的结果，儿子并不满意，他向我表白说："将来还有机会的话，我一定要拿第一名！"

听了儿子的讲述后，又见他对自己提出更高的要求，我感到儿子比过去成熟了。

◆ 成效显著，儿子成为海外校园里的"跳水王子"

时光飞逝，儿子高中毕业了，他以优异的成绩，考取了澳大利亚悉尼大学。来到悉尼大学后，儿子没有放弃自己在国内时的体育爱好，一有空闲时间，就到体育馆去锻炼，或到天然海滩上去尽情地畅游。

澳大利亚是个游泳跳水强国，几乎人人都爱好游泳跳水运动项目。儿子所在的大学时常会组织一些游泳跳水等运动项目的比赛。9月19日，由悉尼大学学生会发起的全校同学游泳跳水冠军赛拉开序幕。儿子很积极地报名参加了，并在这次比赛中，获得了海外组跳水第一名，得到了学生会颁发的奖杯。

澳大利亚教育司大学联合会准备在悉尼举办全国大学生运动会，儿子被悉尼大学推选为种子选手参加了此次运动会。10月15日比赛正式开始，上午9点左右，儿子随来自全国各大学的运动健将们走进气派的比赛场馆。

儿子选报的运动项目是单杠和10米跳台跳水。10月16日上午，儿子将进行单杠的比赛。当儿子走向比赛场时，场下的观众为他鼓起掌来。儿子充满自信地走到单杠前，不一会儿，他上了单杠，随后，他按照自己设计的动作有条不紊地表演着，就在他做最后一个动作时，由于重心前倾，身体失去平衡，落地时脚向前迈了一大步，导致这一动作的失败。为此，儿子与冠军失之交臂。

单杠项目没有拿到冠军，儿子并不气馁，很快调整好心态。10月17日下午，儿子又参加了10米跳台跳水。对于这个项目，儿子在国内的体校已花了不少的工夫进行过训练，曾得到过教练悉心的指导。当轮到儿子跳水时，只见他很从容地走到跳台边，此时，一点也看不出儿子曾经是个"恐高症者"。儿子跳出后的空中旋转动作极其优美，入水动作也很完美，水花压得很小，第一轮下来，就排名第一。

之后的五轮角逐，儿子始终保持着领先地位，最终，取得了10米台跳水冠军。

一个多小时后，颁奖仪式开始。儿子作为中国留学生是第一个取得澳大利亚大学生运动会冠军的。当他走上冠军领奖台，主办方的领导把一个金杯送到他手上的那一刻，儿子笑逐颜开。

当天晚上，儿子把自己得奖的消息打电话告诉了我，我眼泪止不住地流了下来，为恐高的儿子成为海外校园跳水冠军而感到骄傲！也为儿子的健康成长从心里感到高兴！

父母借鉴 ///

文中的儿子从小就得了"恐高症"，父亲为了帮助儿子走出"恐高症"，设计了一套"挑战自我训练"计划。这个计划由"洗脑""手把手""挑战自我训练"三部分组成，之后，父亲又把儿子送进业余少年体校进行综合式训练，最终不仅让儿子克服了"恐高症"，还使他在海外校园的大学生运动会中获得了跳水冠军。

第十章
"连环计"：父亲对儿子进行"双重回报训练"

口述：欧阳永泉，某工商局干部

◆ **儿子自私、霸道和任性**

我的儿子欧阳是个自私、霸道和任性的孩子，自私不只在我和妻子这儿表现得淋漓尽致，他连爷爷奶奶和姑姑舅舅等亲人也不放过。

已经退休的爷爷很是疼爱孙儿，每天外出散步或会亲访友，总要把他带在身边。一天上午，爷爷又领着儿子来到了附近的一座商贸城，这里云集了各类玩具店、食品店和儿童书画店。一到这儿，他的物质欲望大膨胀，一会儿让爷爷给他买"航空母舰"、一会儿要爷爷给他买"电气化火车"，没走三步，他又叫爷爷掏钱买"酒心朱古力"，一个小时下来，爷爷身上携带的钱被掏去一空。还不满足，他再次看中了一套精装的卡通画册，非让爷爷买。已身无分文的爷爷无奈之下，只得向一位路过的退休朋友借钱满足孙儿。

我的妹妹，即儿子的姑姑对侄儿也是非常宠爱。儿子6岁那年春节，他姑姑来我们家拜年，儿子从她那儿得了400元压岁钱后，并不满足，拉着姑姑的手非要上街去买鞭炮。当姑姑领着他上街买回一大堆鞭炮后，他不许任何家人玩鞭炮，而是一个人疯玩着。见此情景，我责备地说了一句："你这孩子太自私太霸道了！"儿子根本不把我的话当回事，继续坚持着。而一旁的爷爷却替孙儿说话："只要他高兴，就让他玩好了。"

儿子对待亲人是这样，对客人也同样表现出自私的本性。一个双休日的上午，我的同事唐达领着女儿菲菲来家玩，刚一进门，唐达就把一大袋饼干和两盒巧克力送给儿子。儿子接过礼品，连一句谢谢的话都不说。作为礼尚往来，我马上从儿子的专用食品箱里抓出几个果冻回礼给菲菲。这一切被儿子瞧见了，他快步走到菲菲的面前，一把从她手上抢回果冻，翘着嘴说："这是我喜欢吃的果冻，不给你吃！"菲菲遭此一劫，当即哭了起来。一见这情景，我和唐达都傻了眼，两人很是尴尬。

儿子在家里的"唯我独尊"，我们大人还能包容，可他上幼儿园后，在学校里与同学之间相处，他的自私行为却遭到了同学的抵触。一天，儿子向同桌的男孩索取了一盒画片，可到了第二天，当这位男孩想看一下那些画片时，不料，儿子不给他看。同桌男孩非常生气，让儿子还回画片。儿子说什么也不给，他理由很充足地说："你给了我的东西，就是我的！"男孩见要不回画片，便伸手去抢。儿子紧紧地捂着。于是，两人你争我夺，之后竟然动手打起架来……

这天晚上，儿子的班主任打电话告诉了我打架的事，我和妻子真为儿子感到难为情！

◆ 进行"礼尚往来"双重训练

只知索取，不懂回报，这是儿子极端自私的最大特征。改变儿子这一恶习已迫在眉睫。经过分析和思索，我决定对儿子进行人情世故的"礼尚往来"训练。

说干就干！一个双休日的上午，我带儿子来到较繁华的商贸城，儿子原以为我又像往常一样，会给他购买玩具和食品。出乎意料的是，此次逛商贸城，我直奔老年保健食品商店。到了柜台前，我让售货员拿来两盒脑白金口服液。他不解地问我："爸爸，你不是带我来买东西的吗？"我直言不讳地对他说："爸爸今天是专门带你来给爷爷奶奶买礼物的。"儿子瞪大眼睛望着我，问："爷爷奶奶又没有过生日，你为什么要给他们送礼物？"我故意询问他说："爷爷奶奶每次带你出来玩，是不是给你买了许多东西？"他点点头。我当即对他说："平时，你也没过生日，可爷爷奶奶不也送你礼物吗？爷爷奶奶那么喜欢你，难道我们送他们一点礼物不应该吗？"儿子想了想，而后点了点头。

礼物买回来后，我有意识地叫儿子亲手把两盒脑白金口服液送到爷爷手中。爷爷奶奶见孙儿第一次"孝敬"的举动，他俩笑得合不拢嘴，爷爷摸着孙子的头，很激动地夸奖道："孙子今天真乖！"儿子也是第一回受到爷爷的当面夸奖，他脸上露出了可爱的笑容。

初次引导儿子以回报的方式"孝敬"两位长辈，收到好的效果。没过几天，我又领着儿子走进一家工艺品商店，我询问他说："你知道姑姑最喜欢什么东西吗？"儿子眨巴了一下眼睛，而后摇了摇头。我马上诱导他说："姑姑是不是很喜欢收藏这些工艺品？"儿子眼睛一转，想了起来："是的！"我接着说："那我们送她一些工艺品吧。"儿子不解地发问："为什么要送她工艺品？"我提醒她说："以前姑姑经常给你买这买那，作为回报，你说，要不要送她一点礼物？"儿子想明白了，他爽快地说："那就送呗。"我有意识把选择权交给他，说："你说，送什么工艺品好呢？"儿子开动了脑筋，忽然想起什么，说："我记得姑姑最喜欢小猴子，我们就送她那个美猴王工艺品吧。"我接受了儿子的建议。

当晚，我领着儿子来到姑姑家，姑姑见小侄儿送她一个美猴王的工艺品，高兴得不断亲吻儿子的脸蛋，弄得儿子像个小姑娘似的绯红着脸，很害羞的样子。一旁的家人瞧见很是开心……

儿子与同桌男孩因"画片事件"发生过冲突，我想"摆平"这件事。一天傍晚，吃过饭后，我带儿子来到一家儿童用品商店。一走进儿童世界，儿子的眼睛闪亮，他的占有欲又大膨胀起来，摆开了购物的架势。没想到，这回，我并没有满足他的欲望，而是直奔主题地挑选了一盒画片。儿子不理解我的用意，发问道："爸爸，我已经有画片了，你还是给我买其他玩具吧。"我立刻对他说："爸爸买这盒画片不是给你的，而是给你同桌小朋友的。"儿子一听，反应很强烈，他问："为什么要买给他？"我告诉他："因为上次，他送了一盒画片给你，作为礼尚往来，你也应该送一盒给他。"儿子马上说出："可他现在已经不理我了。"我化解道："那你现在送他一盒画片，爸爸保证他会理你的。"儿子抱着怀疑的神情："真的？"我很有把握地说："不信，你试试看。"

第二天中午，儿子放学后回到家里，很高兴地对我说："爸爸，你没说错。我把画片送给同桌后，他又跟我玩了，他还说，以后要送我连环画看。"瞧见儿子快活的样子，我很得意自己的回报训练有了显著成效。

接下来的时间里，我领着儿子一一回报了曾经给过他"好处"的亲朋好友，每到一处，我都要向儿子灌输礼尚往来的做人道理。

经过近三个月的"物质回报训练"，基本达到了我预期的教育目的。

转眼，儿子上大班了。此时，我在"物质回报训练"的基础上，又对儿子进行"精神回报训练"，我要使他知道，除了物质回报之外，精神回报也是很重要的礼尚往来方式。我明确地对儿子说，爸爸妈妈、爷爷奶奶和姑姑舅舅经常关心和爱护他，时常对他问寒问暖，作为礼尚往来，他也应该关心他们的生活。儿子似懂非懂地点点头。

有一次，爷爷病了，我让儿子放学后陪在他床前，并叫儿子把幼儿园老师讲的童话故事说给爷爷听。爷爷听了孙子讲的童话故事后，很开心地笑了。有了孙子"精神疗法"的配合，几天后，爷爷竟神清气爽地康复了，他笑着对我说："要不是这孩子整天让我开心，我的病也好不了这么快。"打这以后，为了使爷爷平时不感到孤独，儿子每天一放学，就钻进爷爷的房间，向他讲述学校里的奇闻趣事，这让老人笑口常开。

教师节即将来临，一个周末的上午，我领着儿子来到一家书画店，儿子对他说："齐老师一直很关心你，她对你的学习帮助很大，教师节快到了，你给齐老师寄张贺卡吧。"随后，我让儿子挑选了一张精致的贺卡。回到家里，我指导儿子用他歪歪扭扭的字迹在贺卡上写下了：齐老师，您辛苦了！祝您教师节快乐！当天下午，儿子就把贺卡寄了出去。

除夕，吃过年夜饭，我对儿子提议说："今天过年，你给关心过你的亲朋和同学打电话拜个年吧。"儿子接受了我的建议。随后，在我的督促下，儿子先后给各位亲朋和要好的同学打去了问候的电话。看着儿子向一位曾经辅导过他画画的老师表达情谊的可爱神情，我的心里很是畅快。

◆ 物质和精神的"双重回报训练"初见成效

经过几年我对儿子的物质和精神"双重回报训练"，到了他读小学六年级时，只要一有机会，他就显露出礼尚往来的人情味。儿子所在的小学组织班级优秀学生搞了一次"庐山之行"夏令营活动。当儿子结束了十天的庐山夏令营活动回到家里，他有心给家庭每位成员都带回了一件旅游纪念品。爷爷接过孙子送的龙头拐杖，乐哈哈地笑了，直夸儿子长大了、懂事了、有"人情味"了。

儿子不仅对家庭成员"有恩必报"，他连我这个进行"回报训练"的父亲也"知恩图报"。有一次，单位派我到昆明去出差。临行前的傍晚，儿子下课回来后，很神秘地把我拉到一边，随即从书包里掏出了一个MP3交给我说："爸爸，这个MP3送给你。"接过MP3，我不解地看着儿子问道："你为什么要送爸爸这玩意儿？"儿子很认真地说："因为到昆明要坐几天的火车，一路上肯定很寂寞，就用这个给你解解闷吧。"我又问他:"你买MP3,哪儿来的钱?"儿子毫不掩饰地说:"我是用压岁钱买的。"听了儿子的话,我被感动了!要知道,这可是儿子第一次设身处地给予我直接的关怀。

儿子除了在家里充分显露"人情味",在与他人的交往中,也是"有恩必报"。有一回,儿子与同学童凯军放学回家,路过一处建筑工地时,由于走得急,不小心摔进一个没有井盖的坑里,他的腿关节严重受伤。这时候,一旁的童凯军跳下井坑,硬是一口气把他背到附近的医院就诊。此后,每天一放学,童凯军都要来医院看望儿子。为了感恩童凯军对自己的"恩情",儿子有一天得知童凯军母亲患病的消息后,他用我们给的零花钱买了一大堆保健礼品,亲自送到童凯军的家里,问候他的母亲,还用宽慰的话安慰这位患病的长辈。

随着时间的推移,儿子"人情味"的表现,不只局限于家里和周围的人,他还把这种回报意识扩展到了社会层面。一个周末的傍晚,我们三口之家逛夜市,在经过一处闹市区时,前方停放了一辆献血车,眼尖的儿子看见后,提出要上车献血。妻子听了他的话,当即予以反对,说这样做是"傻瓜"。可儿子却态度坚定地说:"为社会献一份爱心,是每个公民应尽的职责。'我为人人,人人为我',献爱心就是要从我做起。"儿子的话显然有道理,我毫不犹豫地支持了他这种"回报社会"的壮举。

春夏季节,本市周围几个县市遭遇特大洪水,许多群众受到洪灾的袭击。一天中午,儿子放学回到家里,刚一进门,就对妻子说:"妈,你帮我找几件好一点的衣服出来。"妻子不解地望着他,问:"找衣服干啥?"儿子说出原因:"老师希望每个同学自觉自愿地捐款捐物,我已经捐了100元钱,我还想再给灾区的小朋友捐一些衣服。"听了儿子这番话,妻子不敢怠慢,当即走到大衣柜前,翻找出几件他喜欢穿的夹克衫、运动服和春秋衫,转身问儿子:"这些衣服你舍得捐出去?"儿子毫不犹豫地说:"现在灾区的小朋友处在危难中,我应该帮助他们渡过难关,就捐这些吧。"

见儿子能如此慷慨解囊地帮助灾区同学，我为他"回报社会"的行为感到高兴和自豪！

父母借鉴 ///

文中的父亲在感受了儿子的自私和霸道后，觉得应该对儿子进行"感恩"训练，他首先从"物质回报训练"开始，然后进行"精神回报训练"。经过父亲一系列的"双重回报训练"，终于把儿子培养成了一位有人情味，懂得感恩的优秀孩子。这位父亲的做法值得父母们借鉴。

第十一章
"伴教计"：陪练母亲把女儿打造成"水中白天鹅"

口述：屠玉秀，某国企技术员

◆ 落水女孩得了"恐水症"

我从江西大学毕业后，分配进一家国企做技术员。三年后，我与丈夫走进婚姻的殿堂。婚后第二年，我的女儿廖境佳来到了人世。

女儿降生后，因丈夫是一家私营企业的小老板，管理企业的事务繁杂，养育女儿的重任只好落在我的肩上。有一天，我带已经3岁的女儿到南昌近郊一位住在别墅里的女同事家玩，同事也有一个4岁左右的儿子，两个小朋友见面后，很是亲热。小男主人一会儿领女儿在别墅上下欢快地跑动；一会儿又带她到前后花园去玩耍。我见小男孩与女儿玩得那么开心，也就放心地与女同事聊天。然而，没过多长时间，就在我与女同事忘情地天南地北闲聊的当口，女同事的儿子神色慌张地哭着跑进大厅，他大声地喊叫着："阿姨，佳佳掉到门口的水塘里去了！"一听这话，我的脑袋轰地"炸响"，立刻站起身迅速地朝房门外冲出去。

当我来到门前不远处的一口水塘边时，只见女儿在水里挣扎着，她一边哭叫着，一边两手在水面上乱扑乱打着。我不会游泳，只能站在水塘岸边急得直叫"救人啊"。好在随后赶来的女同事水性还可以，她连衣服也没脱地纵身跳下了水塘里，三两下就划到了女儿的身边，顺势把她托出了水面。女儿被救上岸后，全身颤抖、气息奄奄、脸色已经变得发青。懂得溺水救护知识的女同事当即给女儿做了人工呼吸。等女儿的脸色恢复过来后，我紧紧地抱住了她，自责道："佳佳，都是妈妈不好，没看管住你！也怪妈妈不会游泳，不能很好地救护你！"

自从这次发生女儿掉进水塘事件后，她开始产生了恐水心理。一个双休日，我带女儿到公园去玩，当我领着她来到一处长满荷花的湖面时，指着盛开的莲花，想给女儿讲解朱自清写的《荷塘月色》散文的意境。谁知，女儿一见旁边的湖水，条件反射般地全身抽搐起来，吓得直往我的身后躲。一见女儿如此强烈的"恐水"反应，我忙说："佳佳不怕，有妈妈在你身边！"其实，我也是个"旱鸭子"，只能给女儿心理上壮壮胆，真正出现上次的那种情况，我连自救能力都没有，更别说救女儿了。

到了女儿读幼儿园时，有一天，幼儿园的老师在校园的游泳池里教同学们学游泳。据老师事后告诉我，全班除了两位男同学怕水外，女儿的恐水心理比他俩还强烈，她一瞧见水就全身发抖，惊吓得脸色刷白，老师想亲自护送她下水游泳，可她怎么也不肯下去。听了老师的讲述后，我便把女儿患"恐水症"的起因告诉了老师，老师听后对我说："看来，要让佳佳克服"恐水症"，只有从心理上帮助她摆脱过去的恐惧阴影。让我们老师和你们家长共同来引导她吧。"

我决定亲自为女儿做"心理医生"。当然，要做好这个心理医生，我要先学会游泳，这样才能更好地帮助女儿走出心理困境，以便引导她战胜"恐水症"。

◆ 我陪练，让恐水女孩爱上了游泳运动

我首先想到了那位水性不错的女同事，让她教自己学习游泳的一些基本动作。每天中午或下午下班后，我与那位女同事便来到厂区的游泳池，女同事一开始教我学蛙泳，她说这是熟悉水性最简便的泳姿。说实在的，已经快30岁的我，不仅身体的柔韧性很差，骨骼也几乎定型了，要像少年儿童那样灵活是不可能的！虽然我学起游泳来很吃力，但一想到自己要为女儿做出表率，便很卖劲地按照女同事所要求的基本动作和要点一一去做。三个多月下来，我已经学会了蛙泳、仰泳和蝶泳。

在我学会了游泳之后，下一步，我便着手对女儿做学游泳前的思想工作。一天晚上，我趁与女儿在客厅里看电视的机会，有意识地把一盘录有几名少年儿童正在游泳池里戏水镜头的影碟放给她看。女儿猛然间看到了这样的画面，马上用手蒙住了双眼，有心理障碍地回避着。我说："佳佳，你看人家小朋友在水里玩得多开心，一点也不害怕，你瞧，那位小朋友还跟另一位小朋友在打水仗呢。"

女儿一听这话，立刻从指缝间偷看了一眼画面。我一见这情形，觉得有门道了，看来女儿的内心也是很矛盾的。我抓住战机，随即向女儿灌输："其实游泳是很好玩的游戏，妈妈现在也很喜欢玩这种游戏。"女儿很快把手放下来，望着我说："妈妈，你不是说自己不会游泳的吗？"我笑着说："妈妈过去跟你一样不会游泳，见了水就害怕，可现在妈妈已经学会游泳了。"女儿带着怀疑的目光看着我。"不信的话，明天就带你去看妈妈游泳。"

第二天下午，我把女儿从幼儿园接到了厂区的游泳池。我让女儿坐在较远的看台上，然后，我当着女儿的面纵身跳入池里，在水中一边动作游弋地划动着，一边向看台上的女儿挥手说："佳佳，水里可好玩了！你想不想下来跟妈妈一块玩？"女儿在看台上直摇着手："我不！我不敢！"我对她说："有妈妈保护你，不用怕！"这时，女儿忽然朝我喊："妈妈，我要回

家！你快上来吧！"我知道女儿的恐水心理又发作了，只好游上岸。

第一次尽管没能改变女儿的恐水心理，但多少让女儿感受到了下水游泳，也并不像她所想象的那么可怕。没过几天，我又领着女儿来到了厂区的游泳池，这回，我亲自把女儿拉到游泳池旁边，对她说："佳佳，妈妈教你游泳好吗？"她仍然显出害怕的神情："妈妈，我好怕！"我说："佳佳不用怕！有妈妈在你身边，不会出事的。来，妈妈给你套个游泳圈，这就更安全了。"说着，我帮女儿脱掉外衣，把小游泳圈套在她的身上。

随后，我拉起闭着眼睛的女儿一块跳下了池中。下到水里后，我对女儿说："佳佳，你睁开眼睛看看。"女儿好不容易把眼睛睁开，惊叫起来："妈妈，你别离开我！"我忙用一只手护着女儿安慰她说："别怕！妈妈不会离开的！佳佳，来，妈妈教你戏水。"有了我的保护，女儿紧张的心理得到了一些缓解，她开始试着模仿我在水中拍打的动作。我见女儿有所举动了，便教她做划行的动作。两个多小时下来，女儿已渐渐地适应了在水中做动作，她对水的恐惧心理也没开始那么强烈。

这次带女儿入水取得一些成效后，接下来的几天里，我趁热打铁，每天领着女儿来到游泳池，我首先教她学蛙泳，这种泳姿，足足教了两个星期左右，直到女儿能用蛙泳游上十几米。学完蛙泳，我又教女儿学蝶泳和仰泳。三个月后，女儿基本克服了恐水心理，已经能够拿掉身上的游泳圈，独自在水里划上一段路程。

一次，我带女儿到赣江去度周末，在沙滩上，我对女儿说："佳佳，你敢不敢跟妈妈一块下江去游泳？"女儿从来也没下过江，一听要让她去体验江水的生活，她既兴奋，又有些害怕。我当即打消女儿的心理顾虑："江水跟游泳池没什么区别，有妈妈在身边，你可以试试江水的滋味。"在我的鼓动下，她同意随我下水。真正下到浅水中，女儿的兴奋情绪一下子被调动了起来，她边游边高兴地用手拍打着小浪花。整整一个上午，我陪着女儿在浅水中游玩着，到中午上岸吃午饭时，女儿仍游兴未尽地对我说："妈妈，我们下午再下江玩吧？"一听女儿主动要求游泳，我当即表示陪玩到底！

到了女儿读小学二年级时，我发现女儿对游泳的爱好已经到了入迷的程度，她一有时间就到我单位的游泳池里游上一两个小时。这时，我猛然感到，应该着重对女儿的这种爱好加以培养。为了能让女儿在游泳这一体育项目上有更大的发展，我决定花钱把女儿送进业余少年体校去做专业性的训练。

我给女儿联系好了一所业余少年体校，这个体校每星期一、三、五下午培训两个小时，双休日全天候训练。这样一来，女儿每逢培训的时间，就来到业余少年体校接受全面而正规的训练。作为女儿游泳"启蒙老师"的我，一有时间就前来"陪练"，我的目的很明确：一是了解专业教练的训练方案；二是回去后更好地指导女儿。

在业余少年体校和我双管齐下的训练下，一年后，女儿的游泳水平有了长足进步。一天傍晚，女儿从学校回来，告诉我说："妈妈，我们学校下个星期要举行运动会，我代表班里选报了100米游泳项目。"一听女儿积极参加运动会，我鼓励她说："太好了！只要女儿正常地发挥平时训练的水平，妈妈相信你能取得良好的比赛成绩！"

一个星期后的早晨，女儿很早就起床做参加运动会前的热身活动。吃过早餐后，她带着我的殷切期望去学校了。到了中午时分，我下班回来正在厨房里做饭，女儿情绪不佳地走进家门，我问她比赛的情况："让妈妈猜猜你今天得了第几名，是不是得了第一名？"女儿摇了摇头。我又猜："那准是第二名！"再次摇摇头："也不是！我得了第三名。"她说这话时声音显然降八度。"不错！不错！佳佳头一回参加这么大场面的游泳比赛就拿了第三名，这已经发挥出了你的最好成绩！只要加强训练，妈妈相信佳佳下次比赛一定能拿冠军！"在我的激励下，女儿的脸上才显出了笑容。

由于女儿获得了本次学校运动会游泳比赛的第三名，学校的体育老师开始注意起女儿这棵有培养前途的"好苗子"。没过多久，学校组织了一支体育集训队，准备参加六一儿童节区教委主办的全区小学体育运动会。女儿作为"好苗子"被选拔进集训队。在集训期间，女儿每天除了要上文化课外，一下了课，她就留下来参加游泳集训。

比赛的日子终于来到了，这一天，女儿像要去参加盛典活动似的，让我把她打扮得漂漂亮亮地出门。为了能现场目睹女儿比赛的过程，我特意向单位请了一天假前去观看。上午9点左右，游泳比赛拉开战幕，只见代表各学校的小运动员来到了游泳馆的比赛场地。我远远地瞧见女儿排在十名小队员中，女儿发现了看台上的我，她笑着伸出两根指头朝我的方向做了一个胜利的动作，我也回给女儿同样的动作。比赛即将开始了，十名运动员站到了各自的水道上。片刻后，只听裁判员一声枪响，女儿与小运动员们动作神速地跃入水中。我目不转睛地紧紧盯住女儿的身影，大声地为女儿呐喊"佳佳加油"！女儿起先落后于四名队员，当游到50米左右时，她追上了前面两名；又游了一个来回时，女儿与排在第三名位置的运动员紧紧地咬住，两人你争我抢地拼命往前划动着。只剩下100米了，女儿发起了猛攻，她使足了劲向终点冲刺。最后，女儿拿下了亚军的奖项。

对于女儿在此次较大比赛中取得的良好成绩，我给予了她一件新衣服的奖励，接着，我给女儿留下了后话："佳佳如果有一天拿了游泳冠军，妈妈奖励你一台电脑！"她很有信心地当即伸出手指来与我拉了钩："妈妈，你等着，总有一天我会得到你的电脑奖励！"

女儿读初中二年级了，经过几年游泳训练和参加各种游泳比赛，可以算得上"老运动员"了。五四青年节期间，在南昌市举办了一次全省的青少年游泳大奖赛。女儿参加了此次比赛，经过奋力拼搏，最后拿到了两银一金的好成绩。当女儿把奖杯放在我的面前，我高兴地把女儿抱了起来，像小时候一样在她的脸上亲吻了两下。女儿得了冠军，我没忘记自己的承诺，当天下午，就到电脑公司买回了一台电脑作为奖品送给了女儿。

◆ 恐水女孩成为大学校园里的"水中白天鹅"

女儿以优异的成绩考取了厦门大学。来到厦门大学后，女儿没有放弃自己的游泳爱好，一有空闲时间，她就到天然海滩上去尽情地畅游。

女儿所在的大学时常会组织一些游泳跳水等运动项目的比赛。五一节，华东六省一市大学联合会举办了大学生游泳锦标赛，女儿作为厦门大学种子选手参加了此次锦标赛。5月18日比赛正式开始，上午9点左右，女儿随来自各大学的游泳健将们走进气派的游泳场馆。女儿今天的表情显得特别的神气，她不时地抬头看看观众席的四周。

比赛开始了，女儿第一批出场。首轮比赛是400米自由泳，这对已经是老运动员的女儿来说算不得什么。一声枪响之后，女儿抢先划在了最前面。游了100米时，女儿被后面追上来的一位澳大利亚留学生紧紧地缠住，她尽管使足劲地往前划动，可仍然摆脱不了同伴的紧贴。又游了两个来回，女儿有些气力不佳，竟然被后面追上的日本留学生甩了十几米的距离。只剩下最后100米了，女儿没能改变小组第三名的局面。

首轮比赛，女儿出师不利。5月19日下午，又轮到女儿出场了，这次是200米预赛，女儿充满自信地奋力拼搏，取得了小组第二名的成绩，进入前八名。

5月22日，是女儿这次的最后一场比赛，经过几天的激烈角逐，女儿取得了200米决赛权。决赛是在下午2点左右开始的，150米之前，女儿与另一选手不分前后，到了最后的冲刺阶段，女儿不知哪儿来的神力，只见她两只手臂像快速划桨似地拍击着水面，撩拨起了好看的小水花，关键的时刻，女儿鹿撞般地冲向终点，拿到冠军了！

当天晚上，女儿把自己得奖的消息打电话告诉了我，我眼泪止不住地流了下来，为女儿从一名恐水女孩变成游泳冠军而感到骄傲！也为女儿的健康成长从心里感到高兴！

父母借鉴 //

　　文中的母亲对于患有"恐水症"的女儿采取了"陪练"的方式，原先不会游泳的她，为了能帮助女儿，向别人学习游泳，然后，她又手把手地教女儿学游泳。之后的日子，一有空闲，她就陪伴女儿去训练游泳。最后，在母亲的"陪练"下，女儿终于克服了"恐水症"，并且在上大学后，还获得了游泳冠军。这是一个典型的"陪练"故事。

第十二章
"顺手牵鱼计"：母亲让儿子懂得了爱心责任心

口述：米素琴，某信息中心干部

◆ 做事"虎头蛇尾"的儿子

说起我的儿子卫晓东为人处世的臭德性，可以用"虎头蛇尾"来形容。在大多数情况下，只要交办他的事，几乎没有一件做得漂亮。

从上幼儿园到小学，概莫能外。儿子读小学三年级时，一个周末的中午，我请亲戚来家做客。一大桌客人要我和丈夫应酬，偏巧，掌厨的我正准备下锅炒菜，猛然发现没盐了，便吩咐儿子到附近的小商店去买盐。儿子拿钱后奔出了房门。按说商店很近，十几分钟来回绰绰有余。可是，我左等右等，就是不见儿子把盐买回来。我急了，便赶出家门，亲自到商店去，远远瞧见儿子与两个一般大的小孩正在店旁兴致勃勃地玩游戏，他早把盐的事忘到后脑勺了。当时气得我呀，真想恶狠狠地揍他一顿！

放暑假，我带儿子去南昌玩，目的是想让他多长些见识。下了火车后，我一时内急，便让儿子在公厕外看住两个旅行包，还一再交代，千万不要离开半步。儿子死命地点头答应。等我回来后，天哪，原地只留下了两个旅行包，儿子早跑到旁边玩去了。幸好此时周围没有"梁上君子"，不然的话，我真是哭天抹泪也找不回贵重物品。

儿子从小喜欢听故事，每次听完后，他都要绘声绘色地卖弄给别的孩子，这是我唯一欣赏他聪明的地方。六一儿童节，市一家新闻单位和教育系统准备联合搞一次"少儿故事大奖赛"。得知这一消息后，儿子屁颠颠地奔进家门，兴高采烈地对我说："妈妈，我想报名参加故事大奖赛。"儿子想在众人面前炫耀自己的长处，作为母亲，我肯定举双手答应。当天下午，我拉着儿子的手去报了名。

要参加比赛拿个什么奖，那得好好准备准备，于是，我给儿子选了一个适合他年龄段的故事，题目为《我是爸爸的老师》。开始的两天里，儿子煞有介事地认真温习着演讲的故事，可到了第三天，儿子厌倦了千篇一律的温习，竟然玩起电脑游戏来，一头扎进去，拔都拔不出来。我提醒他："还有三天，你就要比赛了，再好好温习几遍吧。"儿子头也不抬地答话："烦着呢，我不想再背诵了！"

6月1日上午，在市少儿活动中心的故事演讲比赛场，演讲者陆续登台表演。轮到儿子时，只见他晃荡着小身子走上演讲台，贼头贼脑地环顾了一圈台下，然后，扯开发育还未成熟的嗓门开讲《我是爸爸的老师》，讲着讲着，他忘词了，停顿了片刻，急得满头大汗，好不容易才想起了下一段。

台下的我为儿子的现场丢丑无地自容。

这次故事比赛，儿子什么奖也没抱回来，还让我为他贴进去200元报名费。

◆ 我拿"养金鱼"的成败给儿子说事

儿子做事的"虎头蛇尾"，无数次让我有了彻骨的感受，也促使我痛下决心要改变他没有责任感的臭德性。

从何入手呢？苦思冥想，不得要领。只好求助网络，看看别人是如何治理这类"问题孩子"的。一天晚上，我从网上读到了一则国外母亲训练儿子责任心的故事。这位年青的母亲把自己家里的宠物猫交给3岁的儿子照看，让他每天按时给小猫喂鱼食、洗澡、梳理身上的绒毛和穿特制小衣服。年青母亲想让儿子知道，小猫不吃东西会饿死、不洗澡和打扮会很邋遢……使他明白自己所做的一切会带来怎样的后果，从而培养他的责任心。

现成的事例，正可以套用鲁迅的"拿来主义"。如果买宠物猫狗来给儿子饲养，我嫌动物脏乱差，不喜欢。思前想后，我倒瞄上了金鱼这水上游动的精灵，既美观又好玩，而且也能够起到与阿猫阿狗同样培养孩子责任心的作用。于是，第二天一大早，我就直奔农贸市场的水产摊位，左挑右选了10条令人啧啧称羡的金鱼，还配了两个通明透亮的鱼缸。刚一走进家门，宝贝儿子就眼睛放绿光地看着我手上的新家当，乐滋滋地说："妈妈，你怎么会想到买这么好玩的金鱼回来？"

见儿子对金鱼一见钟情，我正好抓住时机送个顺水人情。我把金鱼缸放端正后，面朝儿子，眼睛盯着他的眼睛说："东东，妈妈想把金鱼交给你来喂养，可以吗？"

儿子一听这做梦也没想过的好事，本来脸上笑容就像弯弯的月亮，这时更加呈弧圆了："妈妈，这是真的？"我重重地点点头："妈妈的金鱼就是为你买的。""妈妈对我太好了！""不过，妈妈对你可有个要求。""什么要求？妈妈快说！""妈妈把金鱼交给你，你可要好好喂养它们！""妈妈，你放一百个一千个心吧！我一定会把它们养得好漂亮好可爱！"

对于儿子的保证，我虽心有余悸（因我太了解他"虎头蛇尾"的臭德性），但还是放手让他全程喂养。

金鱼落户我家后，儿子抛弃了其他痴迷的"业余爱好"，正像他保证的那样，每天一放学回家，把书包一丢，全身心地投入对金鱼的关爱上：一天换两次水、时不时地喂一些买来的干鱼虫。

儿子对金鱼的新鲜劲仅仅保留了三天，到了第四天，他就有些不耐烦了，由每天换两次水减少到一次，此后，又减少到两天一次，并且，有些不愿喂干鱼虫给金鱼吃了。

我发现这一迹象后，当即对儿子进行了严肃的批评指正："妈妈把金鱼交给你，你却不管它，这是不对的。妈妈给你打个比方，如果妈妈不给你吃饭、不给你衣穿，那会怎么样？"儿子低眉垂眼地看着脚趾头，已经厌烦了金鱼的他，虽然嘴上接受我的批评，可行动上所表现出来的仍然是"无心懒意"。

随后的一段时间里，儿子三天晒网一天打鱼地应付着金鱼，高兴时，呆在鱼缸前摆弄两下；不高兴了，连一眼也不愿瞧金鱼。

由于儿子对金鱼的"放任自流"态度，半个月还差一天的傍晚，当我和儿子回家时，猛然间发现鱼缸里的10条金鱼全翻了白肚皮。望着这一惨不忍睹的场面，我当即用锐利的目光直射向儿子："你看看你看看，金鱼死得多可怜啊！"怜悯之心尚存的儿子，此时脸上也挂出了一串鳄鱼的眼泪，接着，是嘤嘤的抽泣声。

"哭有什么用，都是你不好好照顾它们，才成这样的。""妈妈，你骂我打我吧。""骂你打你能让金鱼复活吗？记住这个教训，以后做事要持之以恒、要有责任心，对有生命的东西要有爱心。"

金鱼是不能够复活了，但这次儿子喂养的惨重失败却给他留下了深刻的教训。我还想给儿子一个"在哪儿摔倒，就在哪儿站起来"的机会。

几天后的双休日，我领着儿子再次来到农贸市场的水产摊位前，我要让儿子亲手挑选10条金鱼回家，仍然由他来喂养。

儿子提着罐满水装有金鱼的塑料袋回到家里，小心翼翼地一条又一条把金鱼放入鱼缸里。看着金鱼在鱼缸中舒舒服服地畅游，儿子的脸上露出了成人的思索表情。

当天晚上，儿子破天荒第一次上网不玩游戏，而是查找有关金鱼饲养方面的小知识。他从中了解到，金鱼对水质有一定的要求，水质包括水的含氧

量、温度、pH、矿物质以及微生物等几个方面。不同的水源，其理化性质
也有区别，而水质的好坏，又直接影响着金鱼的生长、发育和繁殖，并与能
否养好金鱼关系很大；他还了解到，金鱼喜欢吃活的红鱼虫，如果没有活鱼
虫，可以买干鱼虫喂金鱼，没有干鱼虫，可以把小米煮开了花，用冷水漂洗
一下，金鱼也很爱吃；而且了解到怎样喂食、如何换水的方法。

查看完喂养金鱼的知识后，儿子把它下载下来，贴在自己的床头，每天
睡觉前看一遍。

从这天开始，儿子果真严格地按照上面的方法爱护有加地饲养着10条漂
亮的小生命。

一个双休日的下午，几位同学约儿子去溜旱冰。过去，每当这时候，儿
子肯定会疯玩好一阵，甚至忘记回家吃饭。可这回，儿子才溜了几圈，就执
意要提前回家，他对同学说的理由是："我还要喂金鱼呢。"同学们取笑儿
子把金鱼当成自己的小宝宝了，他一点也不害羞，很坦然地说："是又怎么
样？！"

又有一天傍晚，儿子放学回来晚了，正好家里来了客人，大家叫他赶快
过来吃饭，儿子却对他们说："你们先吃吧，我还要给金鱼换水洗澡呢。"
惹得在场的客人喷笑不止。

一个星期过去了、一个月过去了、三个月过去了，儿子对金鱼的喂养一
如既往，他真的把这些小生命当成小宝宝来侍候了。

半年很快过去，那10条小精灵仍然在鱼缸里呼吸自如地畅游。一天晚
上，一位"养鱼能手"朋友来家玩，他看了两缸金鱼后，大发感慨！说我们
家的金鱼养得很地道，观赏性无与伦比。听了"养鱼能手"的夸奖，我毫不
掩饰地对他说："这金鱼是我儿子养的。""养鱼能手"用惊异的目光扫了
儿子一眼："看不出来，小伙子还挺有能耐的。"一旁的儿子脸上绽放出了
菊花般的可爱笑容。

"养鱼能手"离家后，我对儿子说："你知道自己为什么金鱼养得这么

成功吗？"儿子摇了摇头。我马上告诉他，是因为他对金鱼的爱心、责任心和坚持不懈，才使这些小生灵健康成长。儿子似有所悟地点点头："妈妈，我记住了。"

◆ 儿子做事"善始善终"

眼见到儿子过去的"臭德性"在一点点地消失，我感到欣慰的同时，并没有放松对他责任心的培养。

儿子从上小学一年级开始，语文成绩始终呈波浪形前进。一天，上语文课时，老师仿佛特别关照儿子，点名让他朗读唐代大诗人杜甫《春望》的诗句，儿子有负师望，竟然把花溅泪的溅字念成了zei，而把浑欲的浑字读成了hui，他的别字引发全班同学的哄堂大笑。老师当场没给儿子面子，对他给予了批评。

过了几天，又是上语文课，老师改用了一种方式，让同学们上台用拼音念她写在黑板上的一句话。儿子又被老师点名上了台，这回，儿子信心不足，仍然念错了三个字，同样惹来了课堂里同学们的放声大笑。

屡次受到同学们的嘲笑，好几天来，儿子总是闷闷不乐。我了解儿子情绪低落的原因后，便借事发挥地进行引导，对他说："东东，你还记得前10条金鱼是怎么一命呜呼的吗？而后10条金鱼又是怎么存活到今天的？"

儿子睁着大眼睛望着我。

"就是因为你纠正了自己的错误，然后坚持到底，所以成功了。"我提示的话，儿子眼睛只转了两圈就明白了："妈妈，以后我看书，不认识的字都要查字典。"

这以后，儿子果然很认真地对待每篇课文中的每个字，不懂的还向我"打破沙锅问到底"。

两个星期后的一天，儿子遭遇语文老师让他念课文，他不仅咬字清晰，没有出现半个别字，而且声情并茂，这令在场的老师和同学们很是惊讶！等他一念完课文，老师就对同学们说："卫晓东同学朗诵很好！大家要像他一样，尽量把自己的感情朗诵出来。"

首次得到老师的肯定，儿子心花怒放！

此后的日子里，儿子每做一件事，不是"虎头蛇尾"，而是"善始善终"，很有责任心地把它尽量做得完美无缺。

父母借鉴 //

儿子是做事马虎、草率的孩子，母亲从网上的母亲培养孩子的责任心报道受到了启发，她从农贸市场买回了一些金鱼，把它们交给儿子喂养。在儿子喂养金鱼失败时，母亲抓住时机向他灌输责任心。儿子懂得了做人做事要有责任心的道理后，不仅喂养好了金鱼，而且做事也变得"善始善终"。

第十三章
"苦磨计"：父亲紧急启动"家庭长征计划"

口述：居键鸣，某体委教练员

◆ 震惊，"成人富贵病"侵袭 9 岁的胖墩男孩

我的儿子居宇恒是小学六年级学生，在班里，由于他的体重大大超标，被同学们冠以"巨（居的谐音字）型胖"的绰号。

造成儿子"心宽体胖"的原因，要归结为家庭富足的经济条件，以及我们把他当"小皇帝"供养的宠爱生活方式。儿子不爱运动，从进幼儿园到小学，每次上体育课，他都是懒洋洋地应付。

有一次，读小学三年级的儿子参加班级200米接力赛跑，接第三棒的他，因为体重和不尽力的缘故，致使他所在的小组得了倒数第一名。比赛结束后，全小组的成员一致谴责他的懒散表现。

儿子不仅在学校里厌倦运动，在家里更是懒散成性。每天一回到家，他就像一棵树墩似地稳坐在沙发上看电视，还边看边吃着汉堡、肯德基等洋食品，就连吃饭也要让母亲端到面前来。吃完后的碗筷也摆在原位不愿收拾。

儿子7岁时，个头1米51，体重就达到了64千克；到了9岁时，他的体重就

涨至76千克。

一天儿子患了重感冒，我便带儿子去医院看病。医生经过一系列的检查，初步诊断出儿子患上Ⅰ型糖尿病，需要靠胰岛素来治疗。一旁的我非常震惊！

万万没想到，9岁的儿子竟然得了这种"富贵病"，直到这时，我才感到了问题的严重性，当即决定让儿子住院进行治疗。

儿子患上"富贵病"的消息一传入学校，老师和同学们很是吃惊，大家纷纷议论起了有关"富贵病"低龄化的问题……

◆ 儿子健康告急，我火速制订"家庭长征计划"

儿子小小年纪就得了糖尿病，这无疑引起了我的高度重视！

我静下心来反思，过去，我及妻子对儿子的不良生活方式，出于"溺爱"，总是采取纵容的态度，致使儿子的体形越来越"富态"。现在看来，过去所做的一切有许多错误。

认识到了养育儿子的弊病后，我知错必改。经过几天的思考，针对儿子"不堪的体重"和病况，我打算对儿子进行大幅度的减肥运动和心理引导。我知道，要革除儿子的不良生活方式和改变目前的身体状况，非一朝一夕。

我受到正在热播的电视连续剧《长征》的启发，制订了一个"家庭长征计划"。在这个计划里，把各类有益"减肥"的健身运动项目列入其中。

制订了"家庭长征计划"的第二天中午，我来到儿子就医的病房，耐心地对儿子说出了自己的"家庭长征计划"，希望儿子能够予以积极配合。此时，儿子见自己因病有学不能上，整天躺在病床上，既无聊又受苦，也知道需要改变自己，听了我的"计划"后，点头说："爸，我保证听你的！"我见儿子表态了，脸上露出了高兴的笑容，对实现这个宏伟计划充满了信心。

儿子出院的第一天，我就开始实施"家庭长征计划"。在此计划中，我设定了游泳、登山、骑自行车郊游和打乒乓球等具体健身项目。

我从报刊上知道，游泳是减肥的最佳运动之一。儿子从小就没学过游泳，现在，我准备为儿子补上这一健身课程。7月下旬，正值暑假，我想利用暑假两个月的时间教会儿子游泳。一天上午，我领着儿子来到市工人文化宫的游泳池，把他拉到游泳池旁边，对他说："爸爸教你学游泳好吗？"儿子显出害怕的神情说："我好怕！"我即刻为儿子疏导恐慌的心理，说："不用怕！有爸爸在你身边，不会出事的。来，爸爸给你套个游泳圈，这就更安全了。"说着，帮儿子脱掉外衣，把游泳圈套在他的身上。随后，拉起闭着眼睛的儿子跳下了池中。下到水里后，我马上对儿子说："你睁开眼睛看看。"儿子好不容易把眼睛睁开，惊叫起来："爸爸，你别离开我！"我忙用一只手护着儿子，安慰他说："别怕！爸爸不会离开的。来，爸爸教你戏水。"有了我的保护，儿子紧张的心理得到了一些缓解，开始试着模仿我在水中拍打的动作。我见儿子有所举动了，便教他做划行的动作。两个多小时下来，儿子已渐渐地适应了在水中做动作，他对水的恐惧心理也没开始那么强烈。

这次带儿子入水取得一些成效后，接下来的几天里，我趁热打铁，每天领着儿子来到游泳池，首先教儿子学蛙泳，光这种泳姿就足足教了两个星期左右，直到儿子能用蛙泳游上十几米。学完蛙泳，我又教儿子学蝶泳和仰泳。

经过两个多月的游泳训练，儿子不仅能够独自在水里划上一段路程，体重也减掉了8千克。

我陪儿子游泳取得一定的效果后，又利用节假日陪儿子去登山。国庆长假，我安排了一次登鸡冠山的活动。10月2日上午，我带领包括儿子在内的三名孩子来到鸡冠山脚下。鸡冠山海拔1300多米，它的山道是没有开发过的泥土小道，登起来自然不那么舒服。三名孩子才登了不到1/5一的路，就直喊腿脚酸痛，想打退堂鼓。尤其是儿子，干脆一屁股坐在了岩石上，喘着粗起说不愿再走了。我马上给他们鼓劲说："你们不是很喜欢看电视连续剧《长征》吗？听说你们写观后感的时候都很佩服红军战士登雪山的英雄精神。现在，正是你们用实际行动向红军战士学习的机会！"

听了我这番话，想当"逃兵"的两个孩子立刻来了劲，他俩鼓足劲争抢着往上登。儿子也不甘落后，站起身，抬腿往上登。我看到"激将法"起了作用，在后面又加大了"激将力度"。

攀登了半个小时左右，三个家中"小皇帝"又叫苦连天了。正在这时，其中的女孩子桐桐一声尖叫，把大家的注意转移到了她的身上。原来她的腿被路旁的荆棘刺了一下。我忙奔过去，只见她的腿肚子划出了一条淡淡的血痕。桐桐"哇哇"大哭起来！我急忙从随身挎包里掏出事先预备的常用药水、云南白药和胶布给她包扎。之后，桐桐耍起了"娇小姐"脾气，死活也不肯再往上走了。她不走，就意味着孩子们不能继续登山。我一下决心，对她说："你的情况特殊，叔叔背你上去！"说完，我就把她背在身上继续前进。

登了约200米高，我没想到，年岁比桐桐大两岁的儿子竟自告奋勇地说："爸爸，你累了，让我来背桐桐吧。"我考虑了一下，觉得这是培养儿子帮助同龄人、锻炼毅力的机会，便答应了他的请求。于是，儿子接替了我，他背桐桐登了30米左右，就大喘气；接着，我又背起了桐桐。也许是同龄人的"帮助精神"打动了桐桐，当儿子准备再次帮我背时，桐桐拒绝说："别背了，我自己会走。"果真，桐桐咬着牙往上迈着步走给他们看。我们一行人经过一个半小时的艰辛攀登，终于到达了鸡冠山的顶峰。

站在山顶的制高点，这时候，云雾已散去，阳光仿佛就在我们的头顶缓缓移动，低头四处远眺，顿时有种"一揽众山小"之感。

我和孩子们在山顶吃过"野餐"后，便走另一条山路下山。

当大家疲惫不堪地坐在返城的中巴车上时，儿子兴致勃勃地对我说："爸爸，下次我们去登梦龙山，听同学说那儿比鸡冠山还高，那才叫过瘾呢！"

此后的日子里，我先后陪儿子攀登了梦龙山、仙台山、塘源山和锦绣峰。

在陪儿子登山的同时，我还启动了骑自行车郊游项目。只要一有空闲，我和儿子各骑一辆自行车到东西南北郊去兜风。每到一处农庄，我就地安排与儿子一道吃乡土味的农家饭菜。开始的时候，嘴巴娇惯的儿子根本吃不下这粗菜淡饭。可没过多久，走村串寨的次数一多，儿子渐渐习惯了农庄的田园生活，特别是骑自行车一路消耗，到了农庄歇息下来，一见香喷喷的农家饭菜，他的胃口就大开，有时，一顿能吃三大碗饭。每每瞧见儿子狼吞虎咽的样子，我总会露出欣喜的表情。

经过一段时间登山和骑自行车郊游这两大运动项目的实施，儿子的体形越来越"苗条"，身体也越来越结实，他的体重又减掉了11千克。

◆ 融入集体活动中，胖墩男孩脱颖成为"小球星"

我从老师那儿了解到，儿子在学校一贯不喜欢参加集体性活动。我为了培养儿子的集体主义意识，启动了"家庭长征计划"中的集体竞技项目。

元旦，我听说市少年宫要组织一次郊外游戏活动，便为儿子报了名，准备亲自陪儿子一块去玩。

元旦那天上午，阳光明媚，组织者领着一群三四年级的学生来到市郊的一处风景区。在这儿，他们借鉴中央电视台《金苹果》游戏节目的那种形式，设计了一套"寻找青苹果"的游戏。把这群孩子分成两个小组，每个小组进行"寻找青苹果"接力赛。他们给这些学生在寻找过程中设置许多障碍，看哪个小组最后能越过重重障碍，到达终点获取"青苹果"。

比赛一开始，这群学生就"群情激昂"，两个小组的成员都鼓足干劲准备争夺"青苹果"的桂冠。儿子被分到了第一小组。9点左右，第一小组的成员一马当先，闯过了第一道"城门封锁线"，逼近了"林区封锁线"。可是在这道"封锁线"上，他们受到了"林区检查人员"的严厉盘查，由于接受审讯的小组成员"口齿不清"拖延了时间，最终被后来的第二小组成员迎头赶上。在过第三、第四道"封锁线"时，第一小组的儿子和另一位接力成员运用智慧，快马加鞭地闯关过了最后一道"山崖封锁线"，抢先寻找到了"青苹果"。直到这时，整个游戏才算结束了。

这次玩"青苹果"的游戏，不管输赢结果，在玩游戏的过程中，我发现每个参与游戏的学生都很兴奋，他们个个都发挥出了自己的聪明才智，调动起了自己的潜能。对于这种依靠集体智慧夺取最后胜利的游戏，儿子深有感触地对我说："爸爸，以后，我希望你多让我参加这样的游戏，真的太好玩了，我很喜欢！"

我见儿子对集体性的竞技活动发生了兴趣，喜上眉梢，启动了"家庭长征计划"中的另一健身项目——培养儿子对乒乓球的爱好。我知道，乒乓球运动是一种可以持久进行的健身运动，它不受季节和环境的限制。

寒假的一天，我领着儿子来到了市少年宫的乒乓球馆，首先让儿子在这里感受别的孩子打乒乓球。当我从儿子的眼神中看出兴奋情绪后，便对儿子说："爸爸给你报名参加乒乓球训练好吗？"儿子马上点头同意了。第二天，我就把儿子送进少儿乒乓球训练班。整个寒假，儿子都封闭在这儿学练乒乓球。到寒假结束后，儿子已经喜欢上了这种有趣的竞技运动。此后，每天下午放了学，他在学校都要和一些同学练习乒乓球。到了年底，儿子的乒乓球打得有点样子，他代表班级参加过全校的比赛，并获得第二名。

一天上午，我带儿子到医院去例行检查糖尿病，医生告诉我，儿子的 I 型糖尿病已经被控制，有向好的方面发展的趋势。

从医院出来时，路过一个体重磅秤，我让儿子站上去，电子圆盘上立刻显示52千克。

自从儿子的身材达标那天起，他所在的班级里再也没有同学叫他"巨型胖"了，取而代之的是"小球星"的称呼。

父母借鉴 ///

　　文中年仅9岁的男孩就患上了成人的"富贵病"，他的父亲紧急启动了"家庭长征计划"，在这个"家庭长征计划"中，他设立了游泳、登山、骑自行车郊游和打乒乓球等具体健身项目。之后的日子里，父亲有意识地实施这些项目。经过较长时间的"陪练"，他儿子的"富贵病"得到了控制，身体也变得健康结实。这位父亲的"家庭长征计划"值得效仿。

第十四章
"笑里藏教计"：母亲携女儿创办"爱笑俱乐部"

口述：金钰玫，某小学教师

◆ 一天400次，笑从娃娃抓起

我是一名小学教师，历来对影视喜剧、相声小品、幽默笑话等情有独钟，对于人生，有自己的理解：能够事业有成当然最好，退而求其次，最少应该成为一个快乐的人。

我这种对人生的认识，直接影响了对下一代的教育观。所以，当我的女儿樊晓恬出生后，我首先制订了教育目标：一定要把女儿培养成一个"快乐小天使"。

我读过一篇文章，是写德国幽默治疗中心主席夏埃尔·蒂特研究发现：一个高兴的儿童每天笑400次，一个有幽默感的成人每天笑15次，而精神忧郁的成人平均3天还笑不到一次。我想，如果这位德国的幽默官员所说的"一名儿童每天笑400次"有科学根据的话，那就是说，每个儿童每天除了睡觉之外（按平均每天睡觉10小时计算），剩下的时间（14个小时），每个儿童必须每2分钟笑一次。

刚开始时，女儿的笑只有"形象"没有声音，可到了两个月时，有一天，在我用一个有声音的电动小玩具的逗引下，女儿突然发出了"咯咯咯"的笑声，这突如其来的笑声让我感到了惊喜！惊喜之后，我趁热打铁地加大逗引的力度。女儿果然很有节奏地频频发出"声情并茂"的欢笑。只这一天，女儿就被我逗笑了280余次，这显然是长足的进步！

到了女儿半岁的时候，我对她笑的逗引除了采取一般性语言和各类玩具外，还利用光碟播放各种动物有趣的拟声来调动她笑的机能。聪明的女儿接受了这一音响信号，她每次听了动物拟声后都会笑成一朵花，而我有了光碟的辅助，每天轻轻松松地让女儿笑满400次已不是梦想。

等到女儿学会讲话时，我在原来逗引的方式上，又增添了给她讲儿童笑话故事。虽然女儿一时还不能理解故事的内容，但她看到我用滑稽的表情和夸张的声音讲故事的神情，总是笑个不停。我一个笑话故事刚一讲完，她又缠住我讲第二个。在女儿步入2岁时，德国幽默官员所说的儿童每天笑400次的数目已经在女儿身上得到了证实。有一天，我从早到晚对女儿笑的次数进行了"全程跟踪"，统计的结果是：这一天，女儿断断续续地笑了479次，这个数字打破了德国幽默权威研究出的最高纪录。

◆ 施展"笑的才华"，哪里有快乐哪里就有"快乐小天使"

到了女儿4岁时，我把她送进幼儿园。不过，这时期我对女儿"笑机能"的调动，不只停留在每天400次的数量上，而是注重她"笑能力"的自我表现。

为了培养女儿自我表现的意识，我时常带她去艺术剧院看相声和小品表演，在那种观众气氛浓烈的场面里，让她身临其境地体会笑给人们所带来的艺术感染力，从而调起她强烈的自我表现意识。有一次，全省大中学生小品大奖赛在本市举行，我搞到了每场比赛的门票，每次去看小品比赛，都要把女儿带在身边。

一天晚上，在看中学生组表演的一出《唱铜锣敲铜鼓》小品比赛时，我注意到，整个小品下来，女儿被里面的喜剧语言和情节逗笑了57次。在看完这个小品后，女儿第一次对我说出这样的话："妈妈，将来我长大了，也要演这么好笑的小品，让所有的观众都笑破肚子！"

一有机会，我除了带女儿去剧院亲身感受观众的热烈气氛外，在家里，只要电视上播放相声小品或影视搞笑片之类的娱乐性节目，我必定会陪着女儿一块观赏。

也许是女儿看多了这些搞笑的电视节目，模仿力很强的她，经常有模有样地学着台词、做着动作，她的这些"逼真"的模仿，常常令我和丈夫大笑不止。

女儿读小学了。有一天课间，她给几位小同学讲了一个儿童笑话："从前，有一个名叫尼克的小朋友和他爸爸一起去探望祖母，在火车上，尼克时时把脑袋伸出窗外，他爸爸说，'尼克，安静些！别把脑袋伸出窗外！'但尼克仍然把脑袋伸出去，于是，他爸爸很快地拿掉了尼克头上的帽子，把它藏在身后，说，'看，你的帽子被风吹掉了。'尼克害怕了，他哭了起来，想找回帽子。爸爸说，'嗨，吹声口哨，你的帽子或许就会回来的。'尼克凑到车窗口吹起了口哨。他爸爸很快地把帽子放在尼克的头上。'哦，真是奇迹！'尼克笑了，他很高兴，飞快地拿掉了爸爸的帽子丢出窗外。'现在轮到你吹口哨了，爸爸。'尼克快活地对爸爸说。"

女儿的笑话刚一说完，立刻在小同学中爆发出"咯咯咯"的笑声……

女儿善于用自己的笑来感染周围的小朋友，这样一来，时常吸引了邻居家的小朋友来我家"大闹天宫"。女儿一面讲着笑话，一面做着夸张的动作，她的滑稽神情，惹得这群小男小女一阵阵仰笑。

望着极尽自我表现的女儿如此投入的"演讲"，我没有打搅他们的"好事"，而是独自到厨房里多做了一些饭，准备留这些孩子在家吃饭。

等我做完饭发现，这些小孩子仍津津有味地听女儿给他们讲新的笑话故事。

吃晚饭了，这群孩子边吃边继续让女儿讲笑话。一时间整个饭桌成了笑话演说场……

直到这些孩子的父母纷纷找到我家来，一见这欢笑的场面，他们都夸奖女儿是大院的"快乐宝贝"。

随着时间的推移，已读小学四年级的女儿是班上的文艺委员，她时常在老师的支持下，课外组织同学搞一些娱乐活动。有一次，女儿向班主任提议搞一次猜谜语比赛，得到了班主任的大力支持，于是，女儿用幽默的语言和俏皮的动作，主持了这场猜谜语比赛。比赛结束后，班主任对女儿轻松欢快的主持风格给予了高度评价。

时间推进到六一儿童节期间，女儿作为学校代表参加了市中小学庆六一文艺晚会的演出。这次女儿表演的小品节目取自于春节晚会上宋丹丹与赵本山合演的《钟点工》。女儿扮演的是宋丹丹所饰演的老太太角色，身为"宋丹丹迷"的女儿，对这个小品里老太太的一举一动，尤其是那很有特色又滑稽的台词，早就烂熟于心。所以，无论是在排练过程中，还是正式演出时，女儿都有种驾轻就熟的感觉。当她演完小品《钟点工》走下舞台的那一刻，全场的观众回报给她的是掌声雷动……

◆ 创办"爱笑俱乐部"，我加入女儿的"笑友"行列

眼看着女儿天天沉浸在快乐的心绪中，我同样快乐着女儿的快乐。

已读小学五年级的女儿放暑假了，我看到周围不少家长给自己的孩子安排上各种"特长速成班"和请家教，我不想给女儿太大的学习压力，而想利用暑假安排一些轻松愉快的活动。

一天晚上，我从网上读到一则消息，说是德国专门成立了"笑咨询公

司", 可以帮助人们产生"理想的笑"; 日本东京创办了一所"笑学校", 学生们在说话时都要注意自己的幽默感及自己的表情动作; 法国巴黎成立了一个"笑剧工会"; 美国、加拿大和欧洲不少国家专门设有"笑疗诊所", 主要的治疗就是进行心理疗法, 就是让你笑个够, 笑个痛快……

受到启发的我突发奇想, 想利用暑假自己创办一个沙龙式的"爱笑俱乐部"。这个"爱笑俱乐部"活动的主要内容是讲笑话、交流有趣的短信、编排幽默小品等, 主要目的是让女儿度过一个快乐的暑假。

第二天, 我把这一想法告诉了女儿。

听了我富有创意的想法后, 女儿高兴得蹦起来, 搂住我的脖子说: "妈, 我喜欢你说的这个俱乐部!"

我提示女儿说: "咱们这个'爱笑俱乐部'的成员, 可以选择你的要好同学和邻居家的孩子。至于活动场地, 我们家的客厅和大阳台腾出来就可以了。"

一听我这么细致周到的安排, 女儿兴奋地做了一个二指禅的动作, 叫了起来: "耶!"

在我的"策划"下, 当天下午, 女儿就给几位中小学同学和邻居的孩子打电话、发手机短信和上门游说, 一下子就有7人愿意加入"爱笑俱乐部"。

几天后, "爱笑俱乐部"正式在我们家里启动。有趣的是, 在女儿的提议下, 我被"爱笑俱乐部"的所有"笑友"一致推举为"名誉笑长"。

能与这帮开心的"笑友"搅和在一块, 作为"策划者", 我很是乐意, 满口答应了"名誉笑长"的事。

"爱笑俱乐部"活动的第一天, 我就以"名誉笑长"的身份, 首先给"笑友"说了一则"摇牛奶瓶"的笑话。我声情并茂地说: "把左手腾出来, 想象自己左手拿牛奶瓶, 右手拿着杯子, 两手的大拇指相对。然后抬高左手, 把牛奶倒入杯子, 咦——, 然后再把牛奶从杯里倒入奶瓶, 咦——, 把头向后仰, 把牛奶倒入口中, 啊——"

"哈哈——"在场的"笑友"听着抑扬顿挫的"咦啊"声，忍不住大笑起来。

我的笑话刚一讲完，女儿就接上趟地说开了："有一天，李同学遇到了张同学，见他脸色很难看，便问道：'瞧你愁眉苦脸的样子，有什么心事呀？'张同学如实说道：'老师让我们写一篇文章，题目叫《昨天我干了些啥》。''那好办，你昨天干了些啥呀？''玩游戏呗。''你别那么傻！我告诉你怎么写，凡是出现了玩游戏的字眼，你就把它改成读书不就成了么？'李同学出着馊主意。张同学得到启发，忽然来了灵感，急忙拿起笔一挥而就地写下：'我一早起床读了半天书，想了想，又把后半本也一口气读完了，可是我觉得还不够，于是又到书店里去买了一本。回来时，在路上迎面遇着了胡大，一瞧他的眼睛，就知道他也读得差不多了。'"女儿的笑话说完了，"笑友"一片叫好声。

紧接着，一位又一位"笑友"跟风似地出列，他们各自讲了自己最拿手的笑话。

这一天，"爱笑俱乐部"的笑话和谜语让"笑友"笑得嘴都合不拢。

接下来的几天里，我安排了脑筋急转弯的游戏，想与"笑友"进行互动式开心交流。我首先向他们抛出了一个脑筋急转弯的题目："有一位小朋友，手里拿着鸡蛋丢石头，但鸡蛋没破，这是为什么？"

我的问题提出来后，"笑友"都开动了脑筋。一个"笑友"眨了两下眼睛后，抢先举手说："我知道，这个小朋友丢鸡蛋时，没有砸到石头上，而是丢到了旁边的水里，所以鸡蛋没有破。"另一个"笑友"马上纠正了他的说法："他说的不对！是因为那个小朋友把鸡蛋丢到了棉花里。"随后，又有两位"笑友"争先恐后地抢着回答。

等所有的"笑友"答题完毕，我才把谜底抖搂出来："正确答案是，这位小朋友左手拿鸡蛋，右手丢石头，鸡蛋当然安然无恙。"一听这样的结果，几个"笑友"拍着脑袋取笑自己是个"笨猪"。

随后，我又给"笑友"出了好几个脑筋急转弯的题目，每次都调动起了他们的大脑思维，而每次的答案都出乎"笑友"的意料，让他们在遗憾中爆笑不已。

做完脑筋急转弯的游戏后，我又抛出了绕口令的游戏，让"笑友"一块连续性地念"吃葡萄不吐葡萄皮，不吃葡萄倒吐葡萄皮"。"笑友"念快了自然方寸大乱，引得大家笑作一团。

接下来的一个多月里，我采用了电视播放笑话动漫、翻阅少儿笑话故事连环画齐头并进的方式，不断地向"笑友"传达快乐的信息。

暑假很快结束了，我们在"爱笑俱乐部"快快乐乐地度过了每一天。

一天上午，我从一份晚报上看到一则消息，本市青少年宫即将在六一儿童节举办一次主题为"欢乐时光"的大奖赛。我马上把消息向女儿通报，建议以"爱笑俱乐部"的名义报名参加。我的倡议，立刻得到了女儿和其他"笑友"的响应。

几天后，女儿就开始组织排练两套节目：一是相声，一是笑话。

接下来的一段时间里，女儿与另一位男同学排练着男女对口相声，这出相声的题目是《男班主任与女班干部》。那个男同学演男班主任，而女儿扮演女班干部。排练一开始，由于那位男同学对相声这一文艺形式不太熟悉，只会背台词，在语言的幽默和机智的掌握上很是缺乏，造成了说出的台词淡而无味。而女儿正好相反，她从小对相声就很喜欢，所以排练起来很在行，也很投入。一个不熟悉，一个熟悉，可想而知，两个"搭档"一时难以合拍。

为了扭转双方不协调的局面，女儿积极地配合那位男同学把"对台戏"演好，女儿不时地用风趣的语言去感染他，引导他进入角色。在女儿的一再"逗引"下，那位男同学很快调整了自己的表演，逐渐与女儿融为一体。

6月1日晚上，在市青少年宫的大礼堂里，参加比赛的表演团体云集台后，大家等待着在台上一展各自的风采。当比赛拉开帷幕，前面两个歌舞节目在观众的掌声中退下之后，轮到女儿选报的节目上场了，说真的，女儿还是第一次在这么大的场面进行表演。当她与那位男同学走上台时，台下的观众因女儿和那位男同学滑稽的装束而一阵哄笑。

表演开始了，只见"男班主任"与"女班干部"好一番"唇枪舌剑"，随着"剧情"的发展，"男班主任"和"女班干部"各自使出自己的招数表演，两人极其搞笑的对白，激起了观众的一阵阵欢笑和掌声。

相声节目结束后，下一个节目是女儿讲一段笑话。对于这个特殊的节目，观众很关切地拭目以待。

讲笑话可是女儿的拿手好戏，这回，她选报的题目是《谁动了我的课本》。这个笑话是女儿自己编创的，经过我的润色后才搬上舞台。由于是自己的原创作品，女儿在台上一开口讲述就很顺溜，她那妙趣横生的语言动作，不时地博得了场下观众的欢笑声。

这次"欢乐时光"大奖赛，女儿及她所代表的"爱笑俱乐部"分获单项一等奖和集体二等奖。

国庆节来临，与暑假一样，我又启动了"爱笑俱乐部"，不过，这次的"笑友"已发展到了19名，而且活动场所不只局限在家里，还扩展到了社区和郊外的山水间。目的仍然相同：让"笑友"度过一个快乐的假期。

父母借鉴 //

笑是一种能力。笑代表着乐观和积极的心态。而爱笑的孩子更容易在社会交往中得到接受。早期对孩子"笑能力"的训练确实有助于孩子的身心健康，有助于塑造他们的健康人格，更适合现代少儿智商、情商的开发和培养。主人公我正是基于这样的认识，才成功地培养出了"快乐小天使"。

下卷

如果爱我，就"管管我"

第一章
"诱导计"：父亲与"堕落"儿子谈"性教育"

口述：霍宏伟，某交通管理局科长

◆ 儿子网上目睹男女青年玩"羞脸游戏"

我的儿子霍小碌就读一所中学初一。一天晚上9点多钟，儿子在自己的小房间里预习完语文课本上的一篇课文后，习惯性地打开电脑，想过把游戏瘾。当他点击一个娱乐游戏网站时，忽然，一个小方块的画面飘然出现在屏幕上，画面中，一对男女青年赤身裸体做着不宜观看的动作。看到这样"羞脸"的镜头，儿子立刻脸红心跳起来，赶快像做贼似地回望了一下房门，生怕被我发现。

第二天，儿子去学校上课，心神不安，根本听不进老师的讲课，脑海里不断地浮现男女青年玩"羞脸游戏"的镜头。

晚上，儿子像往常一样，吃过饭后，在妈妈的催促下，走进自己的房间温习白天的功课。可这回，儿子的注意力怎么也集中不起来，做了两道数学题后，就把作业本丢到一边，而后，又起身关紧房门。等他觉得安全可靠了，便打开电脑，迅速地点击上次那个娱乐游戏网站，很快，屏幕上又出现了一个玩那种"羞脸游戏"的画面。这时，儿子没有像上次那样惊恐万状，他继续点击进入观看。

看着刺激的场面，儿子屏住呼吸，心跳加快，全身燥热。

这一晚，儿子严重失眠了！

随后的日子里，每天晚上，表面上看，儿子给我的印象好像是进了房间复习功课，可他根本没有心思去做那些枯燥无味的练习，而是悄悄地打开电脑，难以自控地选择观看"羞脸游戏"。每当儿子观赏完这刺激的"游戏"后，就躺在床上胡思乱想……

◆ 儿子难以自控地对女同学做"小动作"

自从儿子习惯地上网观看男女青年玩"羞脸游戏"后，不知不觉对班上的女同学感兴趣起来。上课或者下课时，儿子的目光总要在她们身上逗留。有时候，儿子会把其中的一个女孩幻想成女青年，然后，又幻想自己像男青年。

有一天上午，课间操时，一位女同学上身穿着露脐短T恤经过儿子的课桌前，儿子控制不住自己，有意与她撞了一个满怀。女同学怒视着儿子说："流氓！"儿子第一次被异性这么怒骂，脸上立刻显出了无地自容的表情。

虽然被女同学怒骂了，但过后，儿子回想起自己与她面对面相碰时的一瞬间，那种肉体接触的异样感觉，让他有一种说不出来的畅快！儿子想，网上那对男女青年玩"羞脸游戏"，也是这样的吧。

五四青年节的下午，老师组织学生到博物馆去参观革命历史文物展览，同学们排队前往，排在儿子前面的是一位扎麻花辫子的女同学。在观看展览时，儿子故意把身体贴近这位女同学，脑子里想象着男女青年玩游戏的情形。正在儿子浮想联翩之际，前面那位女同学猛地回过头来，怒视着儿子说："讨厌！"儿子急忙往后退了一步。

用身体碰撞和贴近女同学屡次遭到她们的反感，儿子想改换一种方式来满足自己对她们的亲近。坐在儿子前面的一名女同学有一头秀发，一天上课时，她的头发飘在了儿子的课桌上。看着女同学的秀发，儿子的心里顿时有一种莫名其妙的冲动，他控制不住自己，把手放到课桌上，然后，接近她的秀发，开始抚摸起来。儿子的这一举动，女同学并没有发现。在儿子抚摸她的秀发时，有点紧张的他脑海里一直在幻想着网上女青年的长发飘散在男青年身上。

第一次抚摸女同学的秀发没被发现，儿子有种侥幸的心理；第二次抚摸女同学的秀发仍然没被发现，儿子觉得很是放松。此后的两天里，儿子渐渐迷恋上了这种"抚摸女孩"的方式。只要一上课，儿子就"开小差"抚摸女同学的秀发，老师讲了什么课，布置了什么作业，他根本不知道。

儿子原以为自己抚摸女同学的秀发一直能持续下去，不想，到了第五天的上午，正在儿子"把玩"女同学秀发的时候，前面的女同学也许感觉到了什么，忽然回过头来，见儿子的手在抚摸她的秀发，大声叫了起来："你干吗摸我的头发？"她的这一声喊叫，惹得全班同学都把目光射向他。正在上面讲课的语文老师听到了喊叫，忙停止讲课，问："小欣同学，怎么啦？"前面的女同学马上向老师报告说："霍小碌上课摸我的头发！"她的话音刚落，全班同学立刻哄笑起来。语文老师当即走到儿子的面前，用严厉的目光望着他说："霍小碌，你上课不用心听讲，做小动作，下课后，到我办公室去一趟。"

当着全班同学和老师的面，儿子的"小动作"被暴露了，这让他很是无地自容！

尽管儿子因抚摸女同学的秀发遭到全班同学的耻笑，也受到老师的严肃批评，可他仍控制不了自己对女孩身体的迷恋，只要一有机会，又会情不自禁地接近她们。

一个周末的晚上，儿子到秦老师家去补习数学。在秦老师家，前来补习的除了儿子和三名男同学之外，还有别的班上一位女同学。在老师给他们

"开小灶"补习数学的时候，儿子总是心神不定，眼睛总会不由自主地盯着对面的女同学。

中途休息时，儿子有意到这位女同学的面前，用一些课外书上读到的小笑话逗引她。在她捧腹大笑时，儿子会趁机伸手拍她的肩膀或抚摸一下她的脸蛋，这样，儿子感觉很快活。

遇到周末晚上到秦老师家补习，每次回来的路上，儿子会像个男子汉似地保护她，在路过陡坡时，儿子主动拉着她的手；见到路上有大片的积水，儿子会热情地背她过去；碰到沟壑时，儿子先跳过去，然后站在对面用拥抱来"保护"她。

在秦老师家补习了一段时间后，儿子对这位叫园园的女同学产生了好感，尤其她说话的表情和笑容，特别像网上那女青年。儿子曾暗中发誓，将来长大了，一定要娶这个女同学做老婆。

为了实现这个理想，儿子决定给园园同学写一张求爱的纸条。一天晚上，儿子关起房门趴在书桌上开始写求爱纸条："园园同学，我很喜欢你！如果你答应长大了做我的老婆，我一定会对你好！"纸条写完后，儿子藏在了书包的夹层里。

等到再次去秦老师家补习数学时，在回来的路上，儿子趁机把这张纸条塞到了园园同学的手上。

儿子本以为园园同学会接受他的求爱，万万没想到，她不仅不领他的情，竟然把纸条交给了秦老师，还对其他几位来补习的同学说了纸条的内容。

秦老师当即找儿子谈话，严厉批评了儿子，还把这事通报了我；而知情的同学又把这事传扬到儿子学校去。一时间，同学们都用异样的眼光看他，特别是女同学，都害怕与他接触。

◆ 挽救儿子的"堕落"，我斗胆向儿子灌输"性教育"

我从老师那儿了解到，儿子在学校，因时常骚扰女同学，而使学习成绩直线下降。作为父亲，我感到了问题的严重性！对于儿子的"堕落"，我觉得有必要采取一定的挽救措施，不避讳地与儿子进行开诚布公的交谈，想对他来一番正面的"性教育"。

有了这个大胆设想的第二天上午，我到一家书店选购了一本图文并茂的有关生理卫生知识的书籍回来。吃过晚饭后，我对儿子说："碌碌，你到爸爸书房来一趟。"儿子不知道我想干什么，就随我走进书房。

进书房后，我拿出了那本图文并茂的书籍，首先翻到有一名男青年赤身裸体画面的一页。

儿子一看这个画面，疑惑不解地望着我。

我马上说："爸爸问你，你知道我们为什么是男人吗？"

儿子不假思索地脱口而出："因为我们比女人更强壮，更有力量。"

我即刻说："你只说对了一方面，爸爸告诉你，男人与女人最主要的区别，在于体貌特征的不同，比如生殖系统就有很大的区别。"说着，我开始向儿子讲述男性的生理特点，以及青春期男孩的一些生理现象……

接下来，我与儿子的交流始终围绕一些敏感和私密的话题展开。每次儿子提问，我都尽量用健康的观念正面回答。

这一晚我俩直言不讳的对话，对引导儿子走出性误区起到了一定作用。

为了加强对儿子的"性"引导，我打算趁热打铁。我买了一套专门针对中小学生性教育的光碟。光碟买回来后，我首先审看了一遍，发现其中的一些内容与我和儿子曾经交流的"性话题"不谋而合。

审看完这套光碟后，我的第一感觉是适合儿子观摩。

晚上，我又把儿子叫到自己的书房，对他说："爸爸给你看一套光碟。"儿子一听我要给他看光碟，高兴地说："真的，是什么内容？"

我说："你看了就知道。"

我开始向儿子播放这套光碟。在看片的过程中，儿子始终全神贯注地观看着，而我则在一旁不时地给儿子作点评。

当全片播放完毕时，我问儿子的感受如何，儿子露出"小大人"的神情说："原来性这东西是这么回事呀！爸爸，你放心，以后，我知道自己怎么做了！"

◆ 远离"情色"，儿子的学习成绩明显提高

看完光碟的第二天，儿子就行动起来。当晚上网时，虽然屏幕上飘出了小方块，但他并没有点击男女青年玩"羞脸游戏"的镜头，而是专注地查阅一些有用的学习参考资料。

一个双休日上午，儿子到一家特价书店选购课外读物。他来到文学名著书架前，一口气选购了海明威的《老人与海》、奥斯特洛夫斯基的《钢铁是怎样炼成的》、巴尔扎克的《欧也妮·葛朗台》和朱自清的散文集。当儿子拎着一大袋文学名著走进家门时，我瞧见后，眼睛里露出了欣喜的神色。我知道，儿子这是在用行动远离那些低级趣味的"情色作品"。

儿子的每一点"进步"，都会引起我的关注和肯定。一天傍晚，儿子放学回到家里，告诉了我一件白天发生在学校的事，说有个男同学课间当着女同学的面故意说"下流的黄段子"，惹得女同学很反感。这时候，儿子站出来指责那位男同学的不文明行为。

不想，那位男同学抓住儿子过去的"小辫子"反戈一击说："你还有脸说我，你自己是什么东西。"儿子被他这么一说，便不敢多说话了。我听了儿子的讲述，当即表态说："今天你做得对！以后再碰到这样的事，你要理直气壮地告诉他们，你现在已经改正错误了。"儿子点头接受了我的"教诲"。由于儿子从根本上改变了自己的言行，一度滑坡的学习成绩也因为他

上课用心听讲，下课认真做练习而呈上升趋势。

　　一天傍晚，儿子兴冲冲地拿着期末考试成绩报告单奔进家门，把它交到我的手上。我迅速地审视：120分的试卷，语文考了101分、数学得了105分、英语考了98分……看到儿子如此可喜的成绩，我欣喜万分，为曾经大胆向儿子灌输"性教育"所取得的良好效果而感到欣慰！

父母借鉴 ///

　　文中的父亲对儿子"性教育"的成功告诉我们：对青春期孩子，"性"绝对是不能忽略的问题，更不能仅仅靠道德上的说教来约束。也许每个孩子的具体情况不同，而家长能够用坦荡、大方的态度来面对却是最重要的。

第二章
"美人计"：母亲引导女儿放弃做"隆胸术"

口述：简月姁，某银行会计师

◆ 苦恼生理缺陷，女儿想做"隆胸术"

我的女儿卫晓彤是高二学生，由于发育不良，她的乳房像男孩一样扁平。有两次在公共浴室洗澡，遭到女同学的耻笑，说她的乳房像平坦的飞机场。为此，女儿苦恼万分！

正在女儿为自己的"飞机场"感到不安之际，一天晚上，她吃过饭后坐到电脑桌前，快速上网，打开一家省级新闻网站，一条消息映入眼帘："最近，我省一名中学女学生做'隆胸术'获得成功！如今，她变成一名丰满可爱的女孩……"这条消息的旁边，配上了这名女学生做手术前后的照片。读了这条消息，看了两张对比照片，女儿极其兴奋！于是，她浮想联翩，如果自己也能做手术变成她那样就好了。

女儿暗自打定主意，马上给这家做"隆胸术"的医院发帖子，她写道："医生伯伯，我叫卫晓彤，是高二学生，因为我的乳房扁平像男孩，常常受到女同学的耻笑。我现在很想使自己丰满起来，如果医生伯伯能满足我的心愿，我将感激不尽！"与信一同发出的还有女儿扫描的两张照片。

信发出四天后，一封电子邮件飘到她的信箱："晓彤同学，我们认真读了你的来信，很理解你的苦衷，你想做'隆胸术'，我们认为你首先要得到你的家长的同意……"

看完这封信，这可难住了女儿，她本来不想让爸妈知道自己的"秘密"，现在看来，如要做"隆胸术"，非过爸妈这一关。女儿苦恼了，她该如何向爸妈提起这件事呢？

◆ 亲眼目睹手术过程，女儿害怕做"隆胸术"

几天来，女儿心神不安。细心的我发现了女儿心事重重的样子，关切地询问道："晓彤，怎么啦？"女儿欲言又止："我……我……"我感觉女儿有话要说，便鼓励她："有什么心里话，只管对妈妈说，也许妈妈能帮你解决。"

女儿望了我一眼，见我很和善的目光，紧张而不安的心里有些缓解，片刻后，她羞红着脸，声音不大地对我说："妈，我想做'隆胸术'。"我非常吃惊地问："你怎么会有这么奇怪的想法？"

"一点也不奇怪。"女儿说完，拿出一张从网上下载的"隆胸术"前后对比照片递给我："你看，这个女孩以前乳房也是平平坦坦的，可现在却变成这么丰满可爱。"

我接过照片，仔细比看着，仍然不明白地问："晓彤，你怎么会想起做'隆胸术'呢？"

女儿马上对我解释说："我的同学耻笑我的乳房像飞机场！我在网上问过医生伯伯，他们说，只要你和爸爸同意，他们愿意为我做手术。妈，你就答应我的要求吧。"

听了女儿这番话，我恍然大悟。对于女儿的这种特殊要求，我一时不知如何回答，只对她说："这事来得太突然了，让妈好好想想。"

自发现女儿内心的小秘密那一刻，我便深感到女儿目前已陷入生理和心理的误区。丈夫经常出差在外，我觉得自己有必要对女儿加以正确地引导。可从何入手？这使我费了一番心思。我分析，如果对女儿光是一大套理论开导，这个年龄段的孩子肯定不会接受，甚至会有抵触情绪。他们对概念的东西不感兴趣，而对动感和鲜活的形象容易接受，这从女儿崇拜歌星、影星可以看出。我决定采用"寓教于动"的方法来引导女儿。

一天下午，我来到一家音像店，问店老板："你们这儿有没有做美容整形手术方面的光碟？"店老板爽快地回答："有哇！"说着，她很快拿出了光碟，递给我说："买这种光碟的人很多，大都是些时髦的女青年，也有一部分中学生。"

买回光碟，我首先审阅了里面的内容。看过后，我觉得其中题为《做一个变胸的完全女人不容易》的光碟对女儿具有一定的警示作用。随后，我拿着光碟走进女儿的房间。这时，女儿耳朵插着随身听，边听边学唱着孙燕姿的歌曲。我笑容满面地对女儿说："晓彤，妈妈买了怎样做'隆胸术'的光碟，想不想看？"听了这话，女儿即刻拔掉随身听，说："真的，让我看看。"

吃过晚饭后，我与女儿一道观看光碟。不一会儿，屏幕上出现了一家医院整形外科手术室的画面。接着，镜头对准一名乳房平坦的女青年，她步入无菌手术室，这时候，一位戴口罩的护士叫她躺在手术台上。稍后，又一位护士拿着大大的针管走到女青年面前，让她伸出白皙的手臂，随之把尖长的针头扎入肌肤内。女儿看着这一幕，从小就怕打针的她紧张得全身发抖，眼睛立刻闭上。一旁的我见女儿有了反应，马上对女儿解说道："这是医生在给她做'隆胸术'，第一步是打麻醉针。"

屏幕上的手术室里医生开始给女青年做"隆胸术"，只见医生用手术刀对着女青年的乳房划动着，然后让护士把一个形似乳房的物体交给他。我向女儿解说："医生手上拿的是一个硅胶假体乳房，要把它植入那女孩的胸部。"

身边的女儿惊叫起来："太可怕了！"我进一步灌输道："更可怕的还在后面，医生还要在这个女孩的乳房部位一刀一刀地割。这种手术要做好几次，才能达到丰满的标准。"

女儿已经被吓住了："哇，那么惨不忍睹啊！"我趁机灌输道："美是要付出代价的，你以为轻而易举就可以变成丰满女孩呀。"

女儿站起身说："妈，我不看了，太吓人了！"说完，她离开了自己的房间。

◆ 审美教育，我搬来女同学现身说法

观看光碟，起到了一定的效果后，我并不急于向女儿作过多的解释，我想给女儿一点时间消化刚才目睹的"可怕手术"。与此同时，我在继续寻找具有说服力的事实。

一天中午，我趁上班的空隙，特意到图书馆的阅览室去查询有关"隆胸术"方面的资料，猛然间，我在一张晚报上读到了一个醒目的标题——"少女做乳房手术失败，怒告'美容院'获索赔"，这篇文章还配了两张少女乳房手术前后的对比照片。我通篇读完后，愤慨之余，马上联想到了女儿：这不正是一篇活生生的反面教材吗！我当即复印了这张报纸，还有意识地把少女的照片放大复印。

下午下班回到家里，我叫出房间里的女儿，对她说："晓彤，妈妈有一样东西给你看。"女儿急切地问："什么好东西？"我随即从挎包里先掏出一张少女乳房惨不忍睹的照片。女儿拿起照片一看，倒吸一口冷气："这个女孩的乳房真丑啊！"我又把另一张照片递给女儿："你再看看这张。"女儿看后，评价道："这个女孩的乳房还马马虎虎。"我接着对她说："你知道吗，这两张照片是同一个女孩，她因为做了'隆胸术'，才变成这样的。"

女儿吃惊地说："怎么会呢？！不可能！"我立刻把那张复印的报纸交

给女儿："你自己看吧，上面清清楚楚地写了她做'隆胸术'的遭遇。"

女儿迅速地阅读，看完文章，她傻愣了好半天，有些害怕地说："这太残忍了！我真的很同情她！多可怜的女孩。"

我见女儿既害怕又对少女深表同情，即刻对她说："晓彤，你还处于生长发育阶段，不适宜做'隆胸术'。看了这些资料，你还想不想去做'隆胸术'？"

女儿的头摇得像拨浪鼓似地说："不！不！我不想做'隆胸术'了，弄不好，会变成丑八怪的。"虽然女儿打消了做"隆胸术"的念头，但我知道，女儿目前还在为自己平坦的乳房烦恼。为进一步帮助女儿走出生理和心理的困惑，我开始寻找有说服力的事例。

一天晚上，电视上正在播放国外时装模特走秀的片子，我见每个出场的女模特乳房都很平坦，我马上抓住这一时机，向女儿灌输自己所掌握的"最新资讯"说："据妈妈了解，西方曾经盛行小乳房，以小巧秀美的乳房，甚至性征不突出的平胸为美，骤然推出了一批走红模特。可见乳房大小的标准不一，人们对之喜好如时装一样风水轮回转动，难以确定好坏。"我的这番及时点评，女儿很乐意接受，面前的这些模特是她心目中的"偶像"。

我明白，要让女儿真正从生理和心理的误区中走出来，还要想办法纠正她的审美观。

我经过几天在亲朋好友中的调查了解，终于找到了一个能现身说法的对象。一天晚上，我约了一位初中时的女同学来家做客。当这位名叫冯兰兰的女同学走进家门时，我让女儿叫她"冯阿姨"。女儿第一次瞧见这么女性化的阿姨，很快就喜欢上了她。

聊天时，我有意把话题扯到冯兰兰过去的形象上："我记得你读中学时，长得很苗条，有同学还给你取了'竹竿'的外号。"冯兰兰配合说："没错！那时候，我在同学们的眼里是鲁迅笔下'杨二嫂'的化身，说我瘦得像圆规。特别是我的乳房，简直可以过坦克。"我转而又说："可最近同学聚会，你却成了同学们眼中最有魅力的女同学。"冯兰兰笑着说："其实，人的外表并不重要，重要的是人的内在素质和魅力。"

我补充道："我们喜欢你，还有一个原因，那就是你能吃苦耐劳、勇于探索，大家都知道，你今天能取得成功，与你的拼搏精神分不开！"

听了我俩的对话，一旁的女儿脸上露出了敬佩的表情。

搬出冯兰兰来"现身说法"，显然对女儿的"思维"产生了一些影响。

随后的日子里，我有意识地向女儿灌输正确的审美观念，让女儿认识到：美是一种内在力量、美是一种真才实学、美是一种坚强不屈的性格。

在我"寓教于动"的引导下，女儿开始改变自己，再也不提做"隆胸术"的事；她对自己平坦的乳房也没有了自卑感，取而代之的是对未来充满自信。女儿的学习成绩，也因她的这些改变而直线上升。

看到女儿有了大的变化，我深有感触：现代父母对孩子的教育，要朋友式地贴近他们的内心世界、要抓住他们的喜好"寓教于动"，只有这样，才可能达到预想的效果。

父母借鉴 //

文中的母亲，当她知道女儿遭遇到青春期生理和心理的困惑时，根据女儿这一年龄的心理特点，选取了身边正反两方面的事例，向女儿灌输什么是美的东西，帮助女儿树立正确的审美观。结果，在她"寓教于动"的引导下，女儿走出了生理和心理的困惑。

第三章
"瞒天过海计"：聪明父亲巧治撒谎儿子

口述：贺达，某旅行社主任

◆ 逃课"泡网吧"，儿子欺瞒老师家长两面撒谎

我的儿子贺一天是初二学生，这个生性好动的男孩是个十足的"网虫"，他只要一上网，就没日没夜昏天黑地下不来。对于儿子经常性地缠绵"网吧"，我没少操心。

儿子为了躲避我的追踪，常常打一枪换一个地方。

儿子"泡网吧"，仅仅课外有限的时间，他觉得不过瘾，便想到了逃课。而要达到逃课的目的，就必须找出种种理由欺瞒班主任。不然的话，一旦班主任通报我，回家后，少不了要从精神和肉体上受到我的"折磨"。尽管儿子久经"灵肉折磨"的考验，但我的威慑力，还是让他害怕。

想霸占课内时间"泡网吧"，"撒谎"便成为儿子的有力武器。一天早晨，儿子背着书包去学校，可当他中途经过一家网吧时，强烈的欲望撞击他的心，他的脑海里即刻有了"逃课"的念头。他不想无缘无故地逃课，于是，打电话给班主任，谎称自己的父亲生病在医院打吊瓶要陪护，想请假一天。懂得人性关怀的班主任自然同意了他的请假。

儿子名正言顺得到班主任的批准后，大摇大摆地进了一家网吧，摆开了大玩一场游戏的架势。

时间飞快，中午到了，正沉浸在"游戏大战"中的儿子，不想"下线"回家吃饭，为此，他给我打电话，谎称学校课外大扫除有中餐吃。我便信以为真。

儿子瞒过我后，在网吧隔壁小商店买了两个面包、一瓶矿泉水，边吃边继续玩"游戏大战"。

黄昏很快降临，儿子仍然舍不得"下线"，他再次电话告知我，老师要给他们补数学和物理课，要很晚才回来。我再次相信了。

儿子又一次欺瞒得手后，便酣畅淋漓地大玩起来！

时针不觉转动到晚上10点30分，在家等候儿子归来的我，怎么也不见儿子的身影，着急起来，便拨打了班主任的电话。

当班主任把儿子请假的真相告知我时，我立刻傻了眼，自知上了儿子的大当！而班主任得知我"安然无恙"的真相后，有种被学生"戏弄"而产生的愤怒情绪！

我即刻冲出家门，满城寻找"欺骗不眨眼"的儿子。我从城头到城尾，一家家网吧找过去，连儿子半点影子也没发现。我真是又气恼又无奈！

直到凌晨3点多钟，我才在一条狭窄街道的一家不起眼的网吧找到趴在电脑前打瞌睡的儿子。

儿子欺瞒老师和我逃课"泡网吧"的事件对我触动很大，我深感儿子的欺骗行为有越益膨胀的趋势，如果任其发展，后果不堪设想！

◆ "QQ 对话"，我与儿子玩网络心理游戏

为了治理儿子说谎话的习性，我颇费了一番脑筋。儿子说谎话的焦点主

要集中在逃课"泡网吧"。作为父亲，我不可能限制儿子的人身自由，怎样才能把屡说谎话的儿子从网吧拉出来？我觉得自己应该"深入虎穴"，以儿子同类人的身份在网上与他进行具有说服力的对话。

晚上，儿子对我说，明天双休日老师要组织他们去郊游。为了证实儿子的话，我拨打了班主任的电话，班主任肯定了这一事实。

按照过去的习惯，儿子每次学校组织出去游玩之前，他都会准备一些简易的"行装"，而这次，他竟然一点"动静"也没有，这不由得让我多了一个心眼。

第二天一大早，儿子吃过早餐后，前脚出门，我便后脚"跟踪追击"，想看看他是不是去了学校集合。

儿子走到中途时，鬼使神差地又钻进一家网吧。

我瞧见儿子的这一举动，没有立刻闯进去抓现行，而是把网吧的老板叫到一边，对他说："麻烦你，帮我去要刚才进去那男孩的QQ号。"当网吧老板知道我是那男孩的父亲时，很配合，不一会儿，就从儿子那儿要来了QQ号。

我拿着儿子的QQ号，悄悄地走进网吧，来到一处距离儿子较远的电脑前，坐下后，便立刻注册了一个QQ号。随后，去敲儿子的"门"，我打出的第一行字是："贺一天同学，你今天不是去参加学校的郊游活动吗？怎么来网吧了？"

那边，正在上网聊天的儿子看到了这一行字，很是吃惊，即刻回话："你是谁？怎么知道我的情况？"

这边，我又打出一行字："我是谁并不重要，重要的是，我还知道你今天对你父亲说了谎话。你并没有去参加学校的郊游活动。"

那边，儿子更加惊讶不已，迅速回话："晕！你肯定是我爸爸派来监视我的侦探！"

我打出了一句俏皮话："我不是侦探，是'电子眼'！"为怕儿子发现，我很快下了线，提前离开了网吧。

留下了百思不得其解的儿子还在猜测这是谁。

这天晚上7点左右，儿子回到了家。

我准备将计就计，故意装出什么也不知道地问儿子："天天，今天老师领你们去郊游好玩吗？"

儿子愣了一下，马上显出镇定的表情，说："好玩，太过瘾了！"

我没有再追究下去，不想揭穿儿子的谎话。

第二天仍是双休日，已经上网成瘾的儿子不想放弃这大好时光，他对我"编"出的理由是："今天我的同学过生日，邀请我们几个要好的同学去他家庆贺。爸爸，你给我50元钱吧，我想送他一个生日蛋糕。"

对于儿子的这种"合理要求"，我虽然明白"其中有诈"，但还是满足了儿子。

等儿子一走出家门，我又尾随其后。果然，儿子并没有去所谓的同学家，而是拐进一条较为偏僻的小巷，然后，钻入一家网吧。

我见儿子进了网吧，窃窃苦笑，自言自语地说："这小子，还跟我玩心计。"说着，进了旁边的另一家网吧。

我很快上了网，登陆QQ，打出一行字："贺一天同学，我是'电子眼'！你今天不是要去同学家庆贺他的生日吗？怎么又来网吧了？"打完字，迅速发给了儿子。

儿子正在QQ上玩耍，有人敲门，他便打开看了"电子眼"发来的信息，表情很是怪异，自言自语地说："奇了怪了，这'电子眼'像我肚里的蛔虫，怎么知道得一清二楚？"于是，儿子回复了一句话："我说'电子眼'，你是哪方神圣？我可没招你惹你，你为何总盯住我不放？"

我很快有了答复："我生性路见不平，对于所有喜欢欺骗人的人都一视同仁地盯住不放。贺一天同学，你就不怕我把你欺骗你父亲的事告诉他？"

儿子看了这话，慌了神，急忙求饶似地回复："行行好，你千万别告诉我爸爸！不然的话，他会对我进行'灵与肉'的超级折磨！求求你了！"

我读了儿子这话，会心一笑，而后又发出一句话："要我不告诉可以，但你必须向我保证，以后再也不许欺骗你父亲了！"

儿子即刻发誓："我向你保证，如果再欺骗我爸爸，我就不是我爸爸生养的！"

这天晚上，儿子回到家里，我仍然像没事人似的，不闻不问儿子在外的任何事情。

可是，儿子这晚躺在床上却多了一分心事，他怎么也琢磨不透那个神奇的"电子眼"。

我清楚，儿子在网上的保证，对他并没有很大的约束力，他还会"故伎重演"。

果不其然，没过几天，儿子又以学校要交资料费为由，从我手上骗得30元钱去"泡网吧"。

当我第一时间从班主任那儿知道真相后，立刻上网，以"电子眼"的网名给儿子发去了警告令："贺一天同学，你不守信用，再次欺骗了你父亲。既然你不义，就别怪我无情，今天的事，我一定要告诉你父亲！"

儿子看了警告令后，还半信半疑地想，就你这么一个看不见摸不着的"电子眼"能拿我怎么着？

这天傍晚，儿子一走进家门，就觉得气氛不对，只见我铁着脸坐在沙发上，两眼锐利地射向他："说实话，你今天拿去的30元钱干什么了？！"

儿子还想抱着侥幸的心理蒙混过关："我……我交了学校的资料费。"

"啪"的一声，我气愤地拍着沙发扶手，说："你真是骗人不打草稿！老实跟你说，有人向我反映，你今天拿钱去了网吧，是不是？"

儿子倒吸一口冷气，看来"电子眼"还真是神通广大！见事情已经败露，儿子只得向我"坦白从宽"，并发誓，如果以后再欺骗我，任我怎么惩罚，他都心服口服！

见儿子这回有悔改的表示，我便就此打住。

尽管儿子向我发了誓，但他仍然心有不甘地想，也许城里的网吧容易被"电子眼"察觉，而郊区的网吧，"电子眼"肯定无法探查到。

一天，儿子又从我手中"骗得"60元钱，坐上了开往郊外的汽车，在一个集镇下了车，钻进一家网吧。儿子抱着侥幸的心理，准备在这儿玩个昏天黑地。

对于儿子这次的行动，我早有察觉，给儿子60元钱，完全是"放长线钓大鱼"。我坐出租车一直尾随着儿子。等儿子一进入乡村网吧，我就打开带来的笔记本电脑，上网后，即刻给儿子传过去话："贺一天同学，你以为你换了'马夹'，我就不认得你啦？！你想到乡下来忽悠你父亲，打错了算盘！老实告诉你，我已经把你的再次欺骗告诉了你父亲，你如果不立刻返回城里的话，你父亲会从天而降到你的面前。你看着办吧！"

儿子再次傻眼了！他万万没想到，"电子眼"的足迹竟然连郊区也不放过。

◆ 改邪归正，"网瘾"儿子想做个诚实的人

返回家里后，儿子经过两天的反思，觉得自己再欺骗父亲和老师的话，肯定不会有什么好结果的！儿子决定"改邪归正"，做一个诚实的人。

双休日，儿子想最后与网吧做个告别。这天下午，儿子在家做完功课后，对我说想去书店买些课外读物。我想给儿子一次改正的机会，便给了他50元钱。

儿子拿钱后，朝书店的方向奔去。我想看看儿子到底是不是去了书店，又一次尾随其后。不料，儿子走到半路，再次进了一家网吧。我心里一震，自觉又上儿子的当了！便急忙进了另一家网吧。

很快，儿子与"电子眼"接上了头。还没等"电子眼"对儿子的欺骗行为发怒，他抢先发去了诚恳的话语："'电子眼'你好！我知道你在看着

我，我今天是来与你告别的！从今往后，我不想浪费太多的时间和精力玩网络游戏了！我觉得做个欺骗别人的人好累，我不想再过那种提心吊胆的生活！我说到做到，再见了！"打出这些文字后，儿子长舒一口气。

我读了儿子发自内心的话语，激动不已，当即回复："贺一天同学，好样的！如果你真那么想，那么做的话，我敢肯定，你一定会成为一个有出息的好男孩！为你的'金盆洗手'而高兴！"

儿子挥泪告别了网吧，之后，他来到了一家特价书店，选购了《朱自清散文集》《世界名著英汉短篇小说选》和《三国演义》。

当儿子提着课外书籍走进家门时，我瞧见后，笑迎着儿子，问道："儿子，买了什么好书？给爸爸看看。"

儿子忙把书送到我的面前，说："语文老师让我们多读些名人名著，说对写作文有很大帮助。"

我一一翻看了书籍，肯定地说："不错，这些都是值得精读的课外读物。"

"爸爸，这些零钱还给你！"

我不解地望着儿子："这……"

儿子马上如实地解释说："我买书一共花了32元钱；又去了一次网吧，花了5元钱。不过，爸爸，请相信我，我这是最后一次去网吧处理一点事情，以后再也不去了！"

我是第一次见儿子如此诚实地汇报自己的情况，很是兴奋，便表态说："爸爸相信你！"

一天下午，放学后，儿子与两位同学结伴回家，路过一家超豪华网吧，其中一位同学很大方地邀请他们进网吧过过游戏瘾。此时此刻，虽然儿子的心里有点麻麻痒，可他还是克制住自己的欲望，对同学说："我不想玩游戏了，我要回家做功课。"

那位同学用异样的目光望着他说："你不是玩游戏的高手吗，今天怎正经起来了？！"

"我已经'金盆洗手'了！整天泡在游戏中，太累！我不想将来成为一个什么也干不了的废人！"儿子说出了自己的心里话。

那两位同学难以理解儿子360°的大转变，他俩转身进了网吧，而儿子则继续往家走。

一天晚上，儿子对我说，今晚他要到一位成绩较好的同学家去温习功课。要在过去，我肯定会对他的这一举动打一个大大的问号，可现在，我相信儿子的话，说："去吧，路上小心点，早点回来。"

儿子出门了，这回，我并没有尾随其后，而是安然地目送儿子远去。

儿子当真去了同学家，与那位成绩好的同学温习了数学和英语。直到夜里9点40分，他才回到家里。我早已给儿子准备好了热乎乎的宵夜。

元旦前的一天晚上，儿子所在的班级召开迎新年文艺晚会，邀请学生家长参加。

当我坐在文艺晚会的现场，看到儿子第一次登台朗诵徐志摩的诗歌《再别康桥》，尽管儿子朗诵得很业余，甚至有些字还念走了音，可我心里别说有多高兴！

在晚会现场，我与班主任进行了交流。班主任告诉我，近段时间，儿子没有逃过一次课，也没有同学反映他去过"网吧"，班主任好奇地问我是用什么方法让儿子转变的。我毫不隐瞒地对他说了自己如何在QQ上智取儿子的事，班主任听了大发感慨。

元宵晚上，我领着儿子来到中心广场看焰火，当一串串五彩缤纷、造型各异的焰火在夜空中绽放之际，我们父子俩笑得很开心。

欣赏完焰火后，我和儿子回家经过一家大型网吧，触景生情，我不由得问儿子："你知道那个网名叫'电子眼'的人是谁吗？"

儿子一听"电子眼"，脸上的表情条件反射般地紧张了一下，然后摇了摇头说："我到现在也猜不出那神奇的幽灵是何方人士。"

我笑了，而后向儿子"坦白"了自己的网上身份："那'电子眼'就是我的网名！"

儿子震惊不已！傻傻地望着我，片刻之后，恍然大悟地说："怪不得'电子眼'那么清楚我的一举一动，原来是爸爸在网上演戏呀！"

我问儿子："你会不会怪罪爸爸的这一行为？"

儿子马上摇着头，说了一句成熟的话："不！爸爸那样做，也是为我好！爸爸的良苦用心，我现在已经体会到了。"

听了儿子这番内心的表白，我很慈爱地摸了摸儿子的头，说："谢谢儿子的理解！爸爸对你总算没有浪费表情。"

说着，我搂过儿子的肩膀，我们父子俩像兄弟般亲密地朝家里走去……

父母借鉴 ///

文中的父亲为儿子的"网瘾"伤透了脑筋，整天追踪、兴师问罪，可收效甚微。于是，他决定改换一种方式，扮演一位"电子眼"，用智慧逐渐"征服"了儿子，让儿子主动放弃迷恋的网络，重新回到了正常的学习轨道上。

第四章
"容过计"：父亲花重金给儿子买教训

口述：欧阳海波，铁路工人

◆ 为泡网吧，儿子偷卖掉祖传花瓶

我的儿子是个"铁杆网民"，从读初中开始，他一有机会就泡在网吧里，昏天黑地玩各种游戏。尽管我和妻子无数次地干涉，但仍然阻止不了，这让我们伤透了脑筋！

五一节的下午，正在读高一的儿子到"神游网吧"玩游戏，在那儿遇到了同学董泉，他是与叔叔董刚强一块来玩的。

一番介绍后，董刚强向儿子说起了他的经商史。当儿子了解到董刚强曾经做过文物生意时，情不自禁地对他说："叔叔，我们家有一对祖传青花瓷瓶，你能够鉴别出它的商业价值吗？"儿子所说的青花瓷瓶，是一对老祖宗遗传下来的青花瓷瓶。这对瓷瓶，在我们老家的家谱里记载着它的来龙去脉，经过几代人的手，才流传到我的手上。正因为是祖传宝贝，所以它被我当着引以为荣的东西珍藏于红木箱子里。

一听这话，董刚强的眼睛忽地闪亮，他忙把儿子拉到一边，声音压得很低地问："你说的青花瓷瓶在什么地方？"

儿子不假思索地说："在我家里。"

董刚强又急切地问："你能不能让我看看？"

儿子有些犯愁了："我可做不了主，我爸爸守得很紧。"

董刚强显出不高兴的神情说："你不让我看货，我怎么判断得了它的价格？！"

儿子想了想，而后说："那好吧，过几天，我就把花瓶拿给你看。"

当晚回到家里，儿子反复思量着如何把祖传宝贝弄出去。在我和妻子在家的情况下，他是肯定下不了手的。儿子先观察到我开红木箱子的钥匙放置的地方，然后看准机会再动手。

机会终于来了！两天后的下午，我和妻子一块到二叔家看表妹，晚上打算在他家吃饭。

我和妻子前脚走，儿子就急不可耐地拿起钥匙直奔红木箱子，打开箱子后，小心翼翼地抱出花瓶，随后，用一个事先准备好的蛇皮袋把一对花瓶装了进去。做完这一切，儿子即刻打董刚强的手机，他俩约定了见面地点。

当儿子把祖传花瓶呈现在董刚强的面前时，他左看右瞧后，不屑一顾地说："这种货色，其实也很大众化，这种东西我见多了。"

儿子急忙问道："你看它能值多少钱？"

董刚强眨巴眨巴眼睛，之后说道："看在你是泉泉同学的份上，我就给你一个吉利的数字，2600元拿走这对花瓶。"

儿子感到惊喜，这些钱对他来说不是小数目，足够他泡很长时间的网吧了，他连声说："谢谢，谢谢叔叔！"

董刚强马上从裘皮大衣的内口袋里掏出一叠百元大钞，数了26张给儿子。

接过这些钱后，儿子的心里一阵热乎，他直奔常去的"神游网吧"，准备好好地过把游戏瘾。

祖传花瓶被儿子偷偷卖掉的第四天一大早，我像往常一样，每过一个星期，都要打开红木箱子看看祖传花瓶。当我用钥匙开启箱盖后，面前的一切让我大吃一惊，花瓶不见了！我即刻大嗓门叫了起来："我们家来小偷了！"

妻子急忙赶过来一看，也尖声叫道："天哪，箱子里的两个花瓶都被偷去了。"

一听我们的惊叫，正在睡觉的儿子始终不出房间。我对妻子说："看来这个小偷很熟悉我们家的情况，他把花瓶偷去后，又把钥匙放回原处。"

妻子推测道："会不会是我们家的亲戚偷的？他们都看过花瓶。"

我也开始怀疑起来，说："那到底会是谁呢？"

妻子转过身，朝儿子的房间走去。见到儿子有些惶恐的样子，妻子询问道："这几天，我们不在家时，有什么亲戚来过？"

儿子装出极力回忆的样子，而后说："哦，对了，表弟、大伯和堂姐都来过。"

于是，我和妻子把怀疑转移到他们身上。末了，妻子说道："即使是他们拿了东西也不会承认的，我看这事还是向公安局报案。"我赞同妻子的建议说："行，我这就去报案。"

儿子见事情要闹大了，有些慌了神，不由自主地冲口而出："别去报案。"

我和妻子别过脸来，不解地望着他。儿子知道事情再隐瞒下去难以收拾，只好坦白交代了自己偷偷卖掉祖传花瓶的前后经过……

对儿子的过错，心痛之余，我如实地告诉他："你呀，人家出几万元钱，你老爸都没有卖给他们，而你竟然2600元钱就贱卖掉了老祖宗留下的宝贝。"

儿子知道自己犯了错误，脸红地低下了头。

我追问儿子把花瓶卖给了谁，儿子说出了董刚强。

我马上拽着儿子说："走！找他要回青花瓷瓶。"

◆ 我带儿子追踪几易其手的祖传花瓶

儿子领着我来到了董刚强的家。一见董刚强的面，我就气呼呼地对他说："你真会欺骗孩子！我这对祖传花瓶的价值可值几万元，而你却给我儿子2600元，花瓶我们不卖了。"

董刚强见我亲自出面了，羞红着脸说道："可……可花瓶现在已不在我这儿了。"我一听火了："什么，你把我的花瓶弄到哪儿去了？！"董刚强见我态度很强硬，只得如实地说："我已经把它卖给了文物商葛语华。"我很关心地问："卖了多少钱？"董刚强停顿了一下，语气有些含糊地说："也没有多少，就五六千的样子。""说谎！我的青花瓷瓶绝对不只这个价格。我不管你把我的花瓶卖给了谁，现在我要你带我去把花瓶拿回来。"我眼睛里仍冒着火。

董刚强慑于我不容商量的威严，只得带我们去找葛语华。

半个小时后，我们来到了葛语华的家。不巧，他不在家，他的妻子告诉我们说他正在外面做生意，要很晚才回家。我当即让董刚强打他的手机。接通手机后，董刚强按照我教他说的话约了葛语华见面。葛语华听说又有转手买卖，很高兴地答应了见面。

打完手机，我们三人就匆匆地赶往见面地点，可不见葛语华的踪影。我用锐利的目光射向董刚强："他怎么还不来？会不会骗我们？"董刚强很肯定地说："他一定会来的。"

果然十几分钟后，葛语华满头大汗地走进来，连连赔礼道歉地说："久等了，真对不起！我刚谈完一笔文物生意。"他坐定后，马上问董刚强："这回又有什么好东西？"

董刚强看了我一眼，神情有点紧张地说道："老葛，上回我出手给你的那对花瓶还在吗？"

葛语华用不解的目光望着他说："你问这干吗？"

董刚强支支吾吾地说："我……我……"

我见他的这副样子，便恼火地替他说道："那对花瓶是我们家的祖传宝贝，我们不卖了，想拿回来。"

葛语华吃了一惊，口气生硬地说："那怎么行，出手的东西不可能再拿回去的。干我们这一行，从来没有听说过这种事。""我拿钱买自己的花瓶不可以吗？！"我一急，竟说出了这样的话。葛语华邪笑道："你出得起那么多钱吗？"我迎着他的话说："你说吧！"姓葛的立刻用三根手指头示意着："这个数你拿得起吗？""3000元。"葛语华忽地大笑起来："你真是'老外'！实话告诉你吧，你说的数目后面得加个0。""3万元。"我差点晕了过去。葛语华一口咬定："没这个价钱，你谈都别谈。"

儿子也很震惊，他做梦都没想过，我们家的祖传花瓶值这么多钱，这回轮到他叫苦不迭，后悔自己太看轻祖传花瓶的身价。

面对祖传花瓶，我一咬牙，忍痛地说出："我就是砸锅卖铁也要买回祖传宝贝！"对于我的决心，儿子既痛恨自己的过错，也为我的壮举而叫绝。

葛语华见我认真起来，不得不说出实话来："你要的花瓶，我已经转卖给了厦门的一个做文物生意的小老板。""你把我的花瓶又倒卖了？！"我再次惊讶得目瞪口呆。姓葛的实话实说："干我们这一行，一般是不留现货的。""那你能不能帮我追回花瓶？"儿子几乎有些恳求。"那个小老板已经回厦门去了，恐怕难以要回。"葛语华显出了为难的表情。

又一个出乎意料，让我一时不知所措！

◆ 我花重金教育儿子做遵纪守法的人

当晚回到家里，我和妻子商量说："我想带儿子到厦门去追回花瓶，你看呢？"妻子一听，跳了起来："你疯了！要花3万元钱，到厦门买回自己的花瓶，这简直是天下最大的傻瓜！我不同意！"

我理解妻子的心情，可现在既然已经铸成事实了，就应该面对现实。我开始做妻子的思想工作，我对她说："可我们总不能眼睁睁看着儿子犯下的错误不予纠正。作为父母，这也是一种失职。我想，为了现场教育儿子，即使花再多的钱，也是值得的！"

妻子想了想，而后说："你这样做，我怕到头来，既追不回花瓶，又对儿子的教育白费心机。"

我很有信心地说："你放心，我一定能追回花瓶，也会让儿子在事实面前接受教训的。"

做通了妻子的工作，我拿着她交给的一张银行金卡，在葛语华引领下，带着儿子一道踏上了远去厦门的列车。第二天下午2点左右，我们到达了目的地。在一家普通旅馆安顿好住宿后，我就催促葛语华赶快与那个小老板联系。

小老板名叫廖天嵘，他也以为葛语华这次亲自来厦门，准有大生意可做。

当我们大家见面后，葛语华一提起把祖传花瓶典当回去时，廖天嵘圆睁着杏眼，很不高兴地说："你以为我们做生意的人是做游戏？想卖就卖，想拿回去就拿回去。没那么便当，姓葛的，我可是花了2.5万元从你手上接过来的货。"底牌被亮出，我心想，葛语华真够贪心的！他还想从我这里要3万元。葛语华马上堆起笑脸："这位老兄愿意出3万元买回花瓶。"廖天嵘冷笑一声："哼，现在别说是3万元，就是5万元，我也不会卖给你们。实话对你们说，有一位老板愿出5.8万元，我还没答应下来。"他的话让我和儿子都哑口无言。

第一次与廖天嵘的交涉没有结果。到了第二天，我又督促葛语华领我们到廖天嵘的公司里去商谈。这回，廖天嵘放出话来："要想买回这对花瓶，拿6.6万元来。"第二次交涉又没有成功。

回到旅馆后，我对儿子说："你都看到了，由于你的一次失误，造成了这样的结果。下一步，你看怎么办？"我有意把决定权交给儿子。

儿子不敢正面看我，很懊悔地说："都怪我当时经不起金钱的诱惑！现在，我也不知道该怎么办了！爸爸，还是你来拿主意吧。"

我见儿子真的有悔改之意，在心里已经打定了主意。

第三天中午时分，我们又和廖天嵘面对面地坐在了一起。6.6万元我是不可能接受的，但不拿回祖传花瓶我也是绝对不会罢休的。见双方态度都很强硬，葛语华慌忙站出来做和事佬："我看大家都不必抬杠，对大家都没好处。我做个中间人，你们双方都各退让一步，4万元成交得了。"

当天下午，我在厦门的一家银行自动取款机里取出了4万元钱。我让儿子亲手把钱数给廖天嵘。我这样做的目的，是想叫儿子亲身感受因他的一时错误，而造成的如此巨大损失！

当失散多日的祖传花瓶再次回到我的手上时，我的心里真是百感交集！

从厦门回来后，我把祖传花瓶又珍藏在红木箱子里。一天深夜，我在卧室里对妻子说："找个机会，我们把老祖宗传下来的这对花瓶拿到市博物馆去展览，这对下一代人了解历史也许有好处。"

一个星期后的下午，我领着儿子把这对失而复得的祖传花瓶送到了市博物馆，当即得到了市博物馆同志的热情接待和赞扬。

国庆期间，市博物馆搞了一次本地大型文物展览，我家那对祖传花瓶也被放置在展览的橱柜上。当我带着家人前去观看文物展览时，我见踊跃参观的人群挤在我家的花瓶前品头论足，他们脸上的表情充满着好奇，旁边的一位女讲解员对观众说："这一对青花瓷瓶是本市的一位热心市民送来展览的。关于这对青花瓷瓶还有一段传奇小故事……"接着，女讲解员向在场的观众讲述了我和儿子千里追寻祖传花瓶的奇闻轶事。当观众听完"父亲用重金买回祖传花瓶"的故事后，都赞叹不已！在场的儿子亲耳听到了观众的评论后，脸上露出了惭愧的神情。

一天我看一份晚报时，读到了一则消息，说本市最近抓获了一批倒卖文物贩子，其中就有董刚强和葛语华。看了这条消息，我当即把晚报交给儿子看。儿子认真读了这一报道后，很震惊！后怕之余，对我说："爸爸，谢谢你！幸好你及时纠正了我的错误，不然的话，我很可能就与这些铤而走险的人一样，陷入犯罪的泥塘。"

经历过"用重金买回祖传花瓶"事件之后，儿子懂得了做人要遵纪守法的道理。有意思的是，儿子这个"铁杆网民"竟然自动地远离了网吧，与此同时，儿子的学习成绩也在节节攀升。

看到儿子的长足进步，我打心里感到高兴，毕竟自己花重金所做的一切没有白费！

父母借鉴 ///

孩子犯了大错误，家长怎么办？文中的父亲在儿子把祖传花瓶卖给文物贩子后，用独特的方式，花重金买回了祖传花瓶。他这样做，不仅给儿子一个教训，也从中让儿子懂得了做遵纪守法公民的道理。

第五章
"激发计"：母亲健康家教培养出"优秀保洁员"

口述：甘晓蔚，某建筑工程段预算员

◆ 我的苦恼，邋遢儿子劣迹斑斑

我与丈夫结婚后，由于我俩在不同的城市工作，不得不过着两地分居的生活。结婚的第二年，我生下了儿子童威禾。儿子1岁断奶后，我把他托付给婆婆照看，然后回自己的单位上班。

等到儿子满6岁时，我与丈夫结束了两地分居的生活，我被调到丈夫所在城市的一家事业单位工作。

几年没有和儿子生活在一起，我忽然发现儿子已经出落成一个小大人了，他不仅个子见长，而且性格也变得难以驾驭。最让我感到吃惊的是，儿子那不修边幅的邋遢样，整个流浪儿的形象。

要历数儿子邋遢的"劣迹"，可以举出以下一些事例作为佐证：一天傍晚，我下班后到幼儿园去接儿子，在回家的路上，儿子见路边的水果摊上有杨梅卖，他想吃，我便买了1千克。谁知，杨梅刚一称好，儿子的手就伸了过来，他抓起一颗就准备往嘴里放，就在这一刻，我严厉地制止了他："不许吃！太脏了，回去洗了再吃。"儿子有些不情愿地放回了杨梅。回到家里，我马上把杨梅清洗了几遍。正在这时，儿子去上卫生间，等我一洗完杨梅，儿子从卫生间出来急不可待地拿了一颗杨梅又要往嘴里送，我即刻问道："你洗过手没有？"儿子向我保证说："洗了。"我带着怀疑走进卫生间一看，擦手的毛巾干干的，儿子显然在说谎。我走回儿子身边，表情严肃地对他说："你为什么要骗妈妈？洗手吃东西对你自己的身体有好处！以后不许这样！"儿子脸红地低下了头。

又有一天，我带儿子去参加一个朋友聚会。临行前，我特意给儿子换了一件新买的蓝色小汗衫，并对他一再交代说："今天妈妈带你去吃饭，你一定要讲究卫生！不要像过去一样邋遢。听到了吗？"儿子一口答应下来："听到了。"可等到聚会开宴时，儿子用手拿着鸡腿边啃边在自己的身上抹，不一会儿，他的蓝色小汗衫就布满了油渍渍的痕迹。儿子的这些邋遢举动被一位同桌朋友的小女儿发现了，她对我叫了起来："阿姨，禾禾哥哥不爱干净！他把衣服弄得脏兮兮的。"正和朋友聊天的我一听这话，马上扭头看儿子的邋遢样，心里不由得火起："一下子没看住你，就成叫化子了！"旁边的一位女朋友见儿子满嘴油腻腻的邋遢样，有些不可理解地对我说："没想到你自己这么爱干净，可禾禾却这样不讲究。"这次朋友聚会，儿子的邋遢行为使我大丢颜面。

还有一天，当我走进幼儿园时，儿子的老师马上对我说："童威禾同学每天上课时都有个不好的习惯，他动不动在教室里随地吐痰，不少同学都向我反映了这一情况。我也批评过他，可他就是不改！"听了老师的话，我真为儿子的邋遢举止而感到羞耻。

儿子的邋遢除了上述这些不良习惯外，还有诸如晚上不洗脸、不洗脚就上床睡觉，乱喝生水、乱扔垃圾，以及脏衣、脏裤一穿就是几天甚至一个星期也不肯换下来等。

儿子落到今天这样邋遢的地步，我和丈夫都有责任。面对儿子已经形成的不良生活习惯，身为母亲的我，在感到惭愧的同时，打算对他进行彻底的"改造"。

◆ 制订"卫生守则"，我整治儿子有术

为了有的放矢地改造儿子的邋遢举止，我首先给他制订了一份"卫生守则"，在这份"卫生守则"上，我是这样写的：勤洗脸、勤洗手、勤洗脚、勤洗澡、勤换衣、勤剪指甲、不吃脏食物、不喝生水、不随地吐痰、不乱扔垃圾、不随地大小便。我刚制订完这份"六勤五不"的卫生守则，便即刻把它拿给儿子看，并一边让他看，一边向他解说"六勤五不"的重要性和危害性："如果不洗手就随便抓食物吃，很容易得各种传染病；如果经常喝生水，就容易得寄生虫病；如果随地吐痰和大小便，就会影响别人的身体健康；如果不勤换衣服，身上容易得皮肤病……"解说完"六勤五不"的危害性后，我问儿子："你说邋遢是不是一种不好的生活习惯？"儿子马上点头说："是的！""那你要不要改正自己的不良生活习惯？"儿子又点了点头："要的！"

接着，我针对这份"卫生守则"继续问儿子："妈妈制订的这些规矩，你能做到吗？"儿子用手摸了摸后脑勺，眼睛眨巴了两下，而后嘴里发出："差不多吧！""我看你的态度不坚决呀！是不是妈妈要求得太严格了？"儿子摇了摇头："不是的！""那好，从明天起，你就按照妈妈给你制订的'卫生守则'去做。做得好，妈妈给你奖励；没做好，就要受到批评。你同意吗？"儿子重重地点了点头。

为了让儿子记住"卫生守则"的条款，我把守则写在一张白纸上，然后贴在儿子的床头，想让儿子每天睡觉前、起床后都看一遍，以便他按守则的要求去做。

"卫生守则"刚出笼的几天里，儿子一时难以改掉他的那些不良习惯，

尽管在我的监督下，他把"卫生守则"背得滚瓜烂熟，可一到了实际行动，又会"老毛病"重犯。

儿子的这种积习难改的毛病到了一星期后才有所起色。那天一大早，儿子起床后，我就给他拿来了一件新的格子衬衫说："这是妈妈专门跑了好几家店买到的漂亮衬衫，你要爱惜它。晚上，我要检查的。"儿子保证地说道："妈妈放心，我一定会好好地爱惜它。"听了儿子的保证，我心里很舒服。接着，我又监督儿子洗脸、刷牙、上厕所后洗手。等儿子吃完饭后，我送他上幼儿园时，一再向他强调说："你不许在学校里随地吐痰！乱扔垃圾！做得到吗？"在得到儿子又一个保证后，我才把心放了下来。

然而，到了傍晚我去接儿子时，第一眼看到的儿子形象就差点让我背过气去，只见儿子那漂亮的格子衬衫上有两处红色的污迹，我很生气地说："你就是这样爱惜妈妈给你买的衣服？"儿子当即解释道："妈妈，我今天没有乱来！是其他小朋友把脏东西弄到我的身上。"听了儿子的解释，我马上纠正道："看来是妈妈错怪了你，是妈妈的不对！"当我再次见到儿子的老师时，问及他的卫生情况，老师笑着对我说："童威禾这几天有进步，他没有随地吐痰。"

对于儿子能按照我制订的"卫生守则"去做，我兑现了自己的承诺，周末的晚上就带他上书店去买了两本童话大王书，并附带一根娃娃头大雪糕作为奖品。

受到奖励的儿子对改变自己的邋遢习惯有了一点信心。又一天早上，儿子起床后，还没等我督促他的一举一动，就见他搬了个小凳子坐在阳台上，拿剪刀很费劲地修着指甲。一看儿子那副认真而吃力的样子，我走过去对他说："让妈妈帮你剪吧。"儿子没有放弃地说："我要自己剪。"等儿子剪完指甲后，我又见儿子上卫生间去大便。我守在门前想看儿子之后会怎样做。儿子上完厕所出来时，把清洗干净的手伸到我的面前，说："妈妈，你闻一闻我的手香不香？我可是用了苹果洗手液的。"我当真嗅了嗅儿子的手，而后拍着他的肩膀说："小伙子今天表现不错！能自觉按照'卫生守则'去做。"

这天下来，儿子比前几天更有了主动性。之后的几天里，儿子几乎不用我亲自监督，就能自觉地遵守"卫生守则"的每一条款。

随着时间的推移，当儿子进入小学二年级时，一天，我到儿子的学校去接他，正好遇到了儿子的班主任。这位班主任笑着对我说："童威禾挺爱干净的！他不仅穿衣整洁，就连课桌和课本也都干干净净的，不像有的学生那样不讲卫生。"我还是第一次从老师那儿听到对儿子的形象给予如此高的评价，心里别说有多高兴。说真的，自从我给儿子制订了"卫生守则"到现在已有两年多了，这两年的时间里，儿子在我的严厉监督下，已经能够自觉地按照"六勤五不"去要求自己。

在又一次朋友聚会时，我带儿子去参加。席间，儿子的一举一动令在场的朋友们不得不刮目相看，那位曾评价过儿子的女朋友这回说出了这样的话："没想到你的儿子变化这么大，斯文得像个大姑娘！"

◆ 成效显著，儿子成为全市最小的"优秀保洁员"

初春时节，一场源自北美的甲型H1N1流感疫情在全球蔓延。在这场突如其来的"瘟疫"中，人们关注的焦点一下子集中到了"生活习惯"的问题上来。

一天晚上，我和儿子坐在电视机前观看有关甲型H1N1流感疫情的报道，一位男电视主持人表情严肃地面对观众说："甲型H1N1流感的迅速传播与不良的生活习惯有着直接的关系。要遏制这种疫情的蔓延，首先需要人们改变不良的生活方式和生活习惯，诸如勤洗手、勤换衣、勤洗脸、勤消毒、勤通风、勤饮水、勤锻炼、不随地吐痰、不随便乱扔垃圾……"

一看到这里，儿子马上兴奋地对我说："妈妈，这位叔叔说的这些

'勤'、这些'不'跟你教我的'卫生守则'简直一模一样！其实，我早就这样做了，所以我才不会得甲型H1N1流感，对吗？"我当即肯定了儿子的说法。

甲型H1N1流感的出现，使曾经以邋遢著称，而今已脱胎换骨的儿子异常地活跃，此时的他除了自己每天自觉遵照"卫生守则"外，还主动地担负起了家中"卫生监督员"的职责。

一天傍晚，丈夫坐在沙发上看报纸，儿子正在旁边看电视，我把饭做好后，叫丈夫和儿子一块吃饭。丈夫即刻放下手中的报纸直接走到餐桌前，正当他准备拿起筷子的那一刻，儿子大叫一声："爸爸住手！你还没有洗手呢，就想吃饭。"丈夫马上解释说："我下班回来洗过手了。"儿子一脸严肃的表情："那也不行！你刚才看了报纸。难道你不知道报纸从印刷厂出来要经过很多人的手吗？"听了这话，丈夫笑了："小家伙说得对，我这就去洗手。"说着，丈夫在儿子的监督下走进卫生间。

一个双休日的中午，用餐前，儿子忽然对正在厨房做饭的我说："妈妈，今天我们家也搞分餐制吧，电视上说这样吃饭卫生，不容易得甲型H1N1流感。"对于儿子提出的这个建议，在场的丈夫当即反对说："你小子懂什么，分餐制是指在外面吃饭，以避免传染。我们是自己人，不必这么做。"我不赞同丈夫的观点，而是站在儿子的立场上："我支持儿子说的分餐制！不管是家人，还是外人，都要讲究卫生。你没见许多甲型H1N1流感病人都是由亲人传染的？"儿子得到了我的声援后，高兴地拍起了手："哦哦，二比一，爸爸输了！"

此后的一段时间里，儿子不仅在三口之家充当"卫生监督员"，还在奶奶家和外婆家也充当起了这一角色，使得两个大家庭里的所有成员都另眼相看一贯邋遢透顶的儿子。

儿子在家中形象的彻底改变，直接影响着他在学校里的精神面貌。已经读小学四年级的儿子，由于在班里始终讲卫生、爱干净而受到同学们的喜爱。

一天，班主任组织召开班务会，对同学们说："今天大家选一名卫生委员出来，主要负责全班的卫生检查和监督工作。卫生委员的责任重大，要求卫生委员除了自身讲究卫生外，还必须有工作热情和责任心。今天采取无记名投票的方式。"话一说完，老师便给同学们散发"选票"。儿子接过选票一看，三个候选人里面竟有自己的名字，他的心里一阵激动！十几分钟之后，老师把收上来的选票集中起来，然后再由两名学生进行唱票。经过一番公开的唱票，儿子胜出。当老师宣布儿子为卫生委员时，在全班同学热烈鼓掌的同时，儿子也激动地为自己响亮地鼓起掌来。

儿子自从当上卫生委员后，还真像那么回事似地投入其中。我了解到儿子在学校里要经常检查同学们衣着是否整洁、是否剪过指甲，要检查课桌板凳是否抹干净，还要监督随地吐痰和乱扔垃圾等情况，在履行完这些职责范围内的工作后，每天下午放学前都要如实地向班主任汇报。儿子为了让同学们知道讲究卫生要遵守的具体条例，如法炮制地把我给他制订的"卫生守则"中的"六勤五不"用粉笔写在黑板报的学习园地上。

一天上数学课，班里一位男同学随地吐痰，儿子发现了，等下课后，当即找这位男同学指出了他的不良行为。可这位男同学不认账，说自己没吐痰，于是两人发生了冲突。正在这时，班主任出现了，儿子便如实地向老师反映了这一情况。

班主任在得到另外两位同学的证明后，对随地吐痰的同学给予了严厉批评，而对儿子能够"按制度办事"给予了表扬。

儿子除了在学校里做好卫生委员的本职工作外，还主动带领一些同学"志愿者"利用双休日积极参与街道居委会搞的"告别陋习，树立文明新风"活动。一个双休日的早晨，儿子衣着整齐、口戴一个大口罩、手臂佩戴写有"保洁员"的红袖章，领着几名同学很神气地走上闹市街头，与街道居委会委派的几名成人"保洁员"一道对过往的行人进行卫生监督。

一天，市卫生部门对"告别陋习，树立文明新风"活动中的优秀分子进行了表彰，儿子和几位同学的志愿参与行为得到了卫生部门的首肯，儿子也因此被评为"优秀保洁员"，并受到嘉奖。

如今，儿子的邋遢形象已经完全被小帅哥形象取代。这从儿子每天上学时穿戴整齐地出门，回来时同样整洁的样子里可以得到证明，用儿子的话来说："我现在已经是卫生委员了，要以身作则，不能让同学们笑看我。"

父母借鉴 //

　　文中的儿子原来不讲卫生，屡次让母亲大丢颜面。母亲决定对他进行"改造"，在"卫生守则"中制订了一系列的细则。此后的日子里，母亲严格按照"卫生守则"对儿子进行健康教育。几年过去了，曾经邋遢的儿子竟然变成"优秀保洁员"。

第六章
"防微计"：母亲对儿子进行"为官清廉"引导

口述：丛梅，某局局长

◆ "官瘾"儿子当上了班长

我在一家局级机关当局长，兴许是第一把交椅坐惯了，我的领导欲望和才能，无论在单位还是在家里，都表现得淋漓尽致。然而，没想到，我的宝贝儿子竟然秉承了我的"领导基因"，小小年纪的他，从上小学那天起，就被老师瞄准了，作为"班干部苗子"加以重点栽培。

儿子当的第一个"学生官"是劳动委员。从小受过我等长辈"吃得苦中苦，方为人上人"训导的儿子，一进入小学一年级，就给老师留下了吃苦耐劳、做事利索的深刻印象，在第一批学生干部名单中，儿子就被列入其中。

到了小学二年级时，儿子头上的"乌纱帽"已经有三顶了，除保留劳动委员外，还分别包揽了文娱委员和体育委员，虽说这三顶帽子在班级里并不算最高长官，但儿子上进心很强，他拍着胸脯对我说："我将来一定要当上班长！"

儿子为了实现"当班长"的理想，身兼三职的他勤勤恳恳地完成各项本职工作。在卫生监督、文娱节目的组织和体育活动的安排上，儿子始终是老师的好帮手，他身体力行地积极配合、组织参与每项活动。

功夫不负有心人，由于儿子的组织才能在各方面得到了充分展露，在他读小学三年级时，班主任经过一番"民意调查"，决定任命他接任班长的职位。

班主任在全班宣布这一消息的那天傍晚，儿子兴冲冲地回到家里，对我说的第一句话就是："妈妈，现在我和你的级别相等了，你知道班长的权力有多大吗？除了班主任，我可以掌管全班50多号学生。"

瞧着儿子那副自得其乐的表情，我既为儿子的高升感到荣幸，又不免替儿子能否胜任好这一"官职"而捏把汗。我当即对儿子说："你现在虽然是一班之长，50多号学生的领头羊，但如果你抱着居功自傲的态度凌驾于同学之上，那么必将受到许多同学的反对。妈妈的意思是，即便你当了班长，也要做一个受同学们拥戴的好班长，要始终把自己当作'同学的榜样'来看待。"

儿子显出若有所思的神情说："我想，我会做好的！"

◆ 儿子接受"贿赂"，我灌输"为官之道"

自儿子当上班长后，他果然很卖劲地投入班务工作中，早出晚归，每天回来都累得筋疲力尽。有一天傍晚7点多钟，儿子才跨进家门，他刚吃完饭，就走进自己的房间里，说去做数学作业。等我料理完家务活，来到儿子的房间，发现他已经趴在桌子上呼呼地睡着了。看见这一情形，我真为儿子的"呕心沥血"心疼。

儿子当班长之初，很注重自己在同学中的良好形象，严于律己、乐意帮助同学。有一次，儿子发现班里有一位后进生学习很吃力，每次考数学都排在班上倒数一二，这使他产生了自卑感。为了帮助这位后进生提高学习成绩，儿子主动与他一帮一"结对子"。每天一放学，儿子处理完班上的事务，总要抽出一些时间来把自己所掌握的数学验算方法"现炒现卖"地传授给那位后进生。

在儿子耐心细致的帮带下，不久，这位后进生的学习成绩有了明显的提高。儿子主动"结对子"的事在同学中传扬开来，大家一致评价他是个乐于关心同学的好班长。

儿子在同学中有了好口碑，这为他日后做好班长工作打下了群众基础。大多数情况下，班里出现了同学间的大小摩擦，只要儿子一出面，冲突很快就能平息下来，矛盾的双方也能很快握手言和。有一次，两个男同学因为一支圆珠笔的借还问题发生了口角，闹到最后，双方竟然动起拳脚。儿子立刻上前"救架"，他用自己的身体分开激战双方，然后把他俩拉到一边，一一进行"劝解"。在儿子的从中斡旋下，两位心生怨恨的同学第二天下课后又在一块玩游戏了。

儿子的"威望"随着他的好口碑而逐渐攀升。就在我为儿子"人气旺"感到欣慰之际，一天傍晚，儿子放学回家时，手上拿着一对新的乒乓球拍，一进门，就得意地对我说："妈，你看我这对乒乓球拍多漂亮呀！实话告诉你，这可是同学拍马屁送给我的。"

一听这话，我望着儿子自得的样子，马上问道："同学凭什么送你乒乓球拍？"

儿子毫不掩饰地说："语文小测验时，一位同学因为抄袭了另一位同学的试卷，而被语文老师没收了卷子，这次考试，他不想得零分，准备让我到语文老师那儿替他说几句好话，所以才送我乒乓球拍。"

原来如此！我追问道："那你准备怎么样？"

儿子很有把握地说："我决定替他到老师那儿去求情，相信老师会给我这个班长面子的。"

儿子接受同学的"贿赂"，仗着班长的"威望"，请求老师为违规行为网开一面，这明显是"糊涂"的做法，我当即予以制止说："你不能这样做！这明摆着是利用职务之便的'受贿'行为。"

儿子不解地看着我，问："什么是受贿行为？"

我随即解释说："你现在是班干部，有一定的权力，而那位同学想利用你的权力，为他的抄袭行为开脱，他送你'礼物'，而你又接受了这份不义之财，这就是'受贿行为'。"

儿子听我这么一解释，似有所悟地点了点头。

儿子出现接受同学"贿赂"的苗头，这不能不引起我的极大关注。儿子想当官，而且把当官作为自己未来的理想，这无可非议，人各有志，这与一些孩子未来想成为科学家、艺术家和体育明星是同样的道理。问题的关键是，要让儿子明白，做官是做贪官？还是做清正廉洁的官？是为个人谋私利？还是为大众谋利益？这直接决定了儿子的世界观和人生观。也决定了儿子未来的人生走向。身处"官场"多年的我，不想让儿子走歪门邪道，而想让他堂堂正正地"做官"。

这么一想，我打算对儿子进行"为官清廉"的引导。于是，我选取了身边或影视作品中一些"反面教材"和"正面事例"，向儿子不断地灌输"为官之道"。

一天晚上，我与儿子独处时，我告诉了他一个消息："你还记得苏伯伯吗，他最近被公安局抓起来了。"儿子一听，感到很震惊："是我小的时候那个给过我酒心巧克力吃的苏伯伯？"我点头说："正是。"儿子简直不敢相信地说："苏伯伯可是国企的大老总，是个很好的人，他怎么会被公安局抓起来呢？"我直言不讳地说："苏伯伯因一项工程的招标，收受承包商的贿赂200多万元，而被逮捕。"儿子再次惊讶地叫了起来："苏伯伯受贿那么多呀！他为什么要受贿呢？"我见儿子提出这一问题，便趁机向他灌输道："因为苏伯伯经不起金钱的诱惑，他利用职务之便，与承包商进行了非法交易。这样做，虽然满足了他个人的物质欲望，可给社会带来了巨大的经济损失，所以要受到法律的严惩！"儿子感慨道："妈妈，我以后当了大官，决不学苏伯伯那么贪财！"

又有一天晚上,电影频道正在播放戏曲电影《七品芝麻官》,我当即把儿子叫来一块观看。在观赏这部讽刺喜剧影片时,我和儿子都为剧中的主人公那刚正不阿的行为拍案叫绝,尤其那位七品芝麻官时常挂在嘴边的那句台词"当官不为民做主,不如回家卖红薯",让儿子喷笑不已。我抓住时机向儿子灌输道:"你看人家小小的七品芝麻官,宁愿丢掉'乌纱帽',也不想损害老百姓的利益,向权贵低头,这就是好官。"儿子马上接过我的话头说:"妈妈,我要向七品芝麻官学习,做个为同学办实事的好班长。"我摸着儿子的头,肯定地说:"好,妈妈相信你!"

之后的一段时间里,只要电视上播放反腐题材的影视片,我就会拉儿子一块观看。在观赏影视片的同时,我不断地向他讲解什么人物是值得仿效的好官、什么人物是让人唾弃的贪官,明确地告诉儿子,将来他想当官,也要当那种对得起老百姓的"清官"。每次儿子接受我的灌输后,都会情不自禁地说:"当官不为民做主,不如回家卖红薯。"

◆ 儿子"为官有道",当上少先队大队长

在我"为官清廉"的灌输下,此后的日子里,儿子再也没有接受过同学的"贿赂"。一次,儿子的班里有位家境富裕的男同学经常花钱让另一位同学帮他做作业,这件事被儿子发现了,他当即找那位男同学谈话,告知他这种行为很不好,叫他写出检查。开始,那位男同学还想拉拢儿子,说只要儿子放过他,答应给他钱。在得到儿子回绝后,那位男同学便恼羞成怒地威胁说:"你要再管我,我就拿钱找人来摆平你!"儿子并没有被男同学的威胁吓倒,他不但继续监督男同学写检查,还把这件事向班主任和男同学的父亲通报了。

面对同学中的不良言行,儿子会站出来义正词严地进行斗争;面对需要帮助的同学,儿子则会伸出援助之手。有一回,儿子的班上一位女同学的

母亲得了肝癌急需动手术治疗，而这名女同学的家境贫困，一时拿不出那么钱。儿子得知此事后，首先在班上发起了"募捐活动"，他自己带头捐了100元钱。

也许是儿子"为官有道"，到了读五年级时，经过学校层层选拔，竟然被校领导看中，由班长晋升为学校少先队大队长。少先队大队长，这一职务的权力远远大于班长。虽然儿子当上了学校里的"大官"，但他嘴边始终挂着"七品芝麻官"的话："当官不为民做主，不如回家卖红薯。"

父母借鉴 //

从小就有"官瘾"，这本无可厚非。问题是，儿子小小年纪就学成人"受贿"，这不得不引起母亲的高度重视。她开始对儿子进行"为官清廉"的教育，用身边的事实、用影视片中的人物，作为正反事例来教育儿子，做人、为官要讲究廉洁守法，不然的话，就会走上犯罪的道路。

第七章
"以毒攻毒计"：父亲做"恶搞"儿子的同党

口述：单运天，某文化宫工作人员

◆ 以损人为乐的小"恶搞"

我的儿子是个牙尖嘴利、精灵古怪的小孩，蜡笔小新、加菲猫、周星驰是他的最爱。自从上了初中以后，他的口味又变了，竟然喜欢上了以损人为乐的"恶搞"游戏。

一天，喜欢给人做红娘的妻子为她的大龄外甥牵线搭桥，约好了双方在我家见面。整个晚上，大家交谈得很愉快。女孩子离开后，妻子试探外甥的心意："姑娘还挺漂亮的吧！"腼腆的外甥正要开口，却被一旁的儿子抢了先："那也叫漂亮呀？这个大姐姐的长相，只能打55分。"一句话说得大家目瞪口呆。儿子皱皱眉，"小鼻子小眼睛，没有赵薇大气，扣除10分；粗粗的眉毛，没有安银美秀气，扣5分；扁扁的嘴唇，没有张惠妹性感，扣5分；皮肤太黑，没有张柏芝滋润，扣10分；还有身材不好，没有王菲苗条，扣15分，这样算来，共计扣除45分。离漂亮远着呢。"

外甥这次相亲，经儿子这么一"恶搞"，没戏了。

一周后的一个傍晚，我的一位歌坛文友来家造访，他得意地说："上个月，我唱的两首民歌，分获华东地区'龙华杯'民歌大赛一等奖、二等奖。"一听这话，我由衷地说："恭喜你呀！有这个成绩，很不容易的……"

我的话音未落，儿子尖声尖气的声音"横飞"了过来："这有什么，不就是两首老掉牙的歌得奖嘛！叔叔，你听过阿杜的《哈啰》吗？你听过周杰伦的《七里香》吗？你听过刀郎的《北方的天空下》吗？还有，你听过韩国歌星安在旭唱的《感谢》吗？那才叫厉害呢！"

"歌坛文友"傻眼了，主攻传统民歌的他，却被我那宝贝儿子贬得一文不值，这很伤他的自尊心。

◆ **以毒攻毒**

屡次领教了儿子的损人伎俩后，我终于下定决心：到了不管不行的时候了。可对付儿子这种鬼灵精，一般的管教方式根本没用，这时，我想起了兵法里"以毒攻毒"的绝招。所谓"以毒攻毒"，关键在于知己知彼。我经过上网查证，发现儿子的这种怪异行为被称为"恶搞"。

一天晚上，儿子的两位同学来我家，他们三人在儿子的房间里正在交流着被疯狂"恶搞"的三首歌曲。

一位瘦小的同学纵情念着《十年》（跳楼版）的歌词："如果那两个字没有颤抖，我不会发现我难受，怎么说出口，也不过是跳楼。如果对于明天没有要求，跳跳楼就像旅游，成千上万个屋顶，总有一个人要先走……"

紧接着，另一位胖胖的同学声情并茂地朗诵着《童话》（笑话版）的歌词："我已变成笑话里，你爱的那个傻瓜！前仰后合，变成赵××围绕你！你要相信，相信我们会像笑话故事里！搞笑和快乐是结局！"

最后，是儿子出场，他比手画脚地朗读《双节棍》（民工版）的歌词：

"教运砖砌瓦的老大，搬水泥管，搭脚手架，硬底子功夫最擅长，还会挖地道打地桩……快使用大铁锹，活活哈兮，快使用大铁锹，活活哈兮，打工之人切记，帮派无敌……"

当儿子念完后，另两人同时拍手叫绝！

这时候，我走进房间，对他们交流的歌词大泼冷水。我评价道："虽然你们篡改的这些歌词通俗易懂，但毕竟是拾人牙慧！有本事，你们自己创作一些歌词出来。"

一听我点中了他们的要害，两位同学顿时傻看着儿子。

此时，儿子脸涨得通红，他恼怒地对着我，说："等着瞧，会让你看到我们风靡网络的作品问世的！"

首次"以毒攻毒"激怒了儿子，取得了预想的效果。

儿子14岁生日那天晚上，他邀请了几个好朋友来家里搞烛光晚餐。现在的孩子真是不一样，进门后，竟每人给了儿子一个红包。

我正在惊讶呢，更夸张的事情发生了：一位穿戴很新潮的男同学从随身携带的大礼盒里掏出了一艘镀金的帆船，炫耀地说花了880元。

"只是过生日，花880元买一个假帆船，这太搞笑了！"我神兵天降一般出现在儿子面前。我拿过儿子手上的镀金帆船，大有"恶搞"的架势。儿子听出苗头不对，一把推着我走出房间，小声恳求道："老爸，今天是我的生日，你能不能给我点面子？有什么，等烛光晚餐结束了再说。"

见儿子第一次用这样平和的口气说话，我便退出了热闹中心。

◆ "恶搞"二人组

晚会收场后，儿子果然主动来到我的房间，我便对他说："其实，爸爸也不是诚心要与你过不去。我那样做，只是想让你知道，当面戏谑别人，会给人留下恶劣的印象，也会把本来美好的东西破坏掉。"

"可现在，大家都这么说话的。"儿子有些不服气，他是想起自己的那些偶像了。

"我知道，你们把这叫'恶搞'。其实，'恶搞'并不是你想象中那么简单。电影《无极》中的谢霆锋那么说话，是要让大家笑。生活里呢，他如果也这样的话，谁还敢与他交往？不说他是神经病才怪呢！"

儿子点了点头。

"你们要好的同龄朋友在一起的时候，彼此间说些夸张的话，开些'恶搞'的玩笑，也没什么，这是一种轻松的生活态度。可是，无论什么都得有个度。过分的'恶搞'玩笑，就会是把伤人的利剑，伤害了别人，也就不那么好玩了。"

儿子听完我的话，有所领悟地说："老爸，我知道自己以后怎么做了。"

儿子参加中考了，考试结束后，他感觉考得并不理想。这可急坏了妻子，她一心想让儿子读重点高中。为了保险起见，妻子决定走"送礼路线"。

对于妻子的这一"歪门邪道"，儿子准备"恶搞"一番："妈，你又要去敲校长、教育局长家的大门啦？"

妻子马上表明自己做法的合理性："我这还不是为了你吗！"

儿子立刻咯咯笑了起来，"我的好老妈，我看你买的这些礼品，太老土太小儿科了！会被一些腐败的校长、局长扔出门外的！现在可是送银行的金卡银卡，没个五位数以上，还甭想进人家门！"

我读懂了儿子脸上戏谑的表情，知道他想打消妻子走"送礼路线"的念头，于是，我配合他的"恶搞"，说："儿子说得一点没错！如今没个万字头的银行卡，那些腐败的校长、局长根本不放在眼里。你就是送了礼，他也不会给你办事。"

妻子苦恼了："要送这么多钱，我可拿不出。"

我抛出自己的观点："拿不出，就别送呗！这样，世界上还能少一个行贿的人。能考得起，是儿子的本事；考不起，进普通高中，也照样可以学好。"

无计可施的妻子叹息了一声，"说得也是，那就看儿子的造化了！"

妻子放弃了走"送礼路线"，证明我与儿子首次联手"恶搞"的成功。

国庆节，朋友聚会，我带儿子一起参加。晚饭时，一个姓魏的生意朋友带着儿子坐在我们旁边。整个晚上，姓魏的生意人口若悬河，向大家吹嘘自己的发家史和全球旅游见闻，言辞漏洞百出，真让人受不了。他的儿子则在一旁得意地跟我的儿子炫耀自己的一身名牌服装、名牌手表，"我们家很有钱，我住花园别墅，坐高级轿车，你能行吗？放暑假时，我跟爸爸坐飞机到欧洲好几个国家玩了一大圈，我这手表是在瑞士买的，你有吗？"

儿子拿起可乐沉默了片刻，而后回敬道："你说你爸爸是富翁，可我爸爸也是富翁呀。"魏姓儿子疑惑地望着儿子："不会吧，你爸爸也是富翁？"

儿子极其自豪地说："是的，我爸爸发表的作品绝不少于100万字，他有一部作品正在翻译成德、法、日、美文字，马上就要周游列国了。我爸爸可是精神上的百万富翁。你爸爸能行吗？还有，我爸爸经常给我买许多课外读物，有了这些精神财富，以后，我可以去创造更多的物质财富，你能行吗？"

儿子反其道而行之的"恶搞"话语掷地有声，不卑不亢，竟颇有几分大将之风。

回家的路上，我突然给了儿子一个狠狠的拥抱。儿子有些摸不着北，我摆出一个儿子常摆的姿势，说："父子'恶搞'二人组在此！"

儿子会意地笑了，我也笑了。随后，我俩不约而同地伸出小拇指拉了钩。

父母借鉴 //

文中的单运天，在屡次领教了儿子的"恶搞"后，没有采取说教的方式，而是运用"以毒攻毒"的回敬手段，让儿子"臣服"于他。对待儿子的"恶搞"，作为父亲，单运天知道这是当今年轻人的一种生活方式，他表示理解。与此同时，为了能与儿子有更多的共同语言，后来，他竟然加入儿子的"阵营"里，与儿子一块"恶搞"，使儿子知道了什么是好的行为。